JN300276

はしがき

『たのしい授業』の世界へようこそ！

ここには国語の授業で役に立つ授業プランやさまざまなアイデアが並んでいますが，その内容はタイトルの通り〈１時間程度の短時間でできる〉ものがほとんどです。

もちろん，ただ「時間をとらない」というだけではありません。ビックリするほど筆が走る作文の授業や，〈ことばあそび〉〈絵本〉〈文字指導〉〈書写〉〈読書〉その他，目からウロコのアイデアがつまっています。しかも，どの記事も実際に授業で試され，子どもたちに大喜びで迎えられたものばかりです。ですから，自信を持っておすすめできるのです。

特別な準備を必要としないものが大半ですから，国語の授業だけでなく，ちょっと時間が空いた時や，初めて子どもたちと出会った時などにもぜひ試してみてください。きっと楽しい時間を過ごすことができるでしょう。

『たのしい授業』編集委員会

＊本書には，主に『たのしい授業』No.74～337に掲載された国語関連の記事を収録しています。

＊既刊『たのしい授業プラン国語』１・２・３もあわせてご利用ください。そのために本書を含めて４冊分の索引を巻末に載せてあります。

1時間でできる国語　目次

はじめに ……………………………………………………………………… 1

もっと書きたい！ たのしい作文

だったら作文 もしも私が○○だったら ……………………… 田畑和徳 6

夢はどんどんふくらんで，筆もどんどん進む！「型」の力。

「コボちゃん」マンガで作文を書く ……………… 木下富美子 11

●工藤純一『国語のできる子どもを育てる』をヒントに

まず笑えます。もちろん起承転結ははっきりしています。
だから文章は簡単。しかも，ヤル気をそそるのですよ。

17字の作文 ……………………………………………………… 田畑和徳 19

●俳句でコミュニケーション

「虫食い俳句」や「句会」で，楽しく俳句に親しんだ。
すると，ことあるごとに子ども達から「俳句，書こうよ！」
と声がかかるように。「作文嫌い」な子にも大好評です！

ウソの作文で個人懇談会 ………………………………… 竹内清和 29

●小学6年生が親と先生の会話を予想

たのしさいっぱい 絵本で授業

絵本で「あいうえお」の授業 …………………………………… 奥 律枝 36

●『あっちゃんあがつく』はおすすめです！

1冊の絵本でいろいろたのしみました ………………… 木下富美子 41

『3匹の○○』の授業 ……………………………………… 佐竹重泰 44

あいさつの言葉って，たのしい！ ……………………… 平尾二三夫 46

初出の『たのしい授業』の号数は，それぞれの記事タイトル部分に表記してあります。

ココロほぐれる ことばあそび

出会いの時期に **僕の名前探しクイズ** …… 佐竹重泰 50

学期初めの「うぉー字」でみんな笑顔 …… 石井広昭 53

時間が余ったらコレ。間違いを全て見つけられるかな？

お経をつくろう！ …… 比嘉仁子 58

●小学６年生と楽しんだ「詩」と「熟語」の授業

阪田寛夫さんの作品を真似て，熟語経？を作りました。

かんたん？　ことばさがし …… 伊藤善朗 65

●ひらがな編＆四字熟語編

「○ん○ん○ん」……○の中にひらがな１字を入れたらどんなことばができるでしょうか？　脳細胞を適度に刺激しつつ，笑いも取れる「楽ちんプラン」をご紹介。楽しみながら新しい言葉についての知識も得られます。

学級で楽しむ **なぞなぞ集** …… 小川 洋 80

なぜか人気のあった **外来語当て字クイズ** …… 福田茂夫 83

小さな詩人たちのなぞなぞ …… 島 百合子 85

●昔も今も，子どもたちはなぞなぞが好きですね～

ことばあそびのたのしみ …… 岸本篤子 89

●にほんごのリズムをたのしみませんか

谷川俊太郎さん，まど・みちおさんの詩を使って〈ことばあそび〉をやってみませんか？簡単な絵カードを用意して子どもたちと詩を唱えるだけ。それだけで楽しい！

知って得する アイデアいろいろ

「４Bえんぴつ」と「いろは練習帳」で **低学年のひらがな指導** 奥 律枝 102

えんぴつを替えるだけで，こんなに違いが出るなんて！

詩で始める一日 ●朝の会で読み聞かせ …… 太田康彦 106

新聞に載っている子どもの詩を読んで，題当てクイズ。

百人一首の読み手はＣＤにおまかせ！……………… 佐々木一昌 110

たのしさを家の人にもプレゼント　新美南吉「あめだま」付 ……… 小川 洋 113

朗読の宿題で子どもも保護者もほんのりシアワセ気分。

書写で相撲の番付表を写そう……………… 有馬孝男 118

大変な書写の時間。たまには筆ペンを使ってお手軽に。

やってみました「番付表」……………… 菊地美紀 121

おすすめ授業プラン

よみかた授業プラン　谷川俊太郎〈だいち〉と小学６年生… 山本正次・段上和夫 124

●子どもが読んで教師が楽しむ詩の授業

子どもたちは，〈だいち〉の詩が大好き。言葉のいくつかを空欄にして，当てはまる言葉を考えよう。うんと子どもを主体にして，教師は聞く立場に立った授業です。

授業プラン　〈カタカナとひらがな〉……………… 伊藤善朗 139

●２つの〈仮名〉のなりたちをさぐる

漢字から生まれた日本独自の文字〈片仮名〉と〈平仮名〉。２つの文字はどのようにして生まれたのでしょうか？学校で習うのは平仮名が先。じゃあ，先にできたのは……？

予想しながら読む「みかんの木の寺」……………… 佐竹重泰 158

●小学３年生でたのしい「よみかた」の授業

「先を予想する」だけではだめです。「つい予想しちゃう」「はらはらどきどき」「予想外の結末」という作品が大切。あとはプランどおり。予想以上に盛り上がりましたよ。

シリーズ総索引 ……………………………… 169

カバーイラスト：高尾博子
イラスト（中扉）：TAKORASU
本文カット：TAKORASU，永岡亜也子，川瀬耀子，藤森知子，荻原和瑛

もっと書きたい！

たのしい作文

書いて楽しい，読んでまた楽しい

（初出 No.318，07・1）

だったら作文

——もしも私が〇〇才だったら

田畑和徳　大阪・小学校

●懇談会，何の話をしようかな

小学４年生のクラス担任をしています。今月は学級懇談会があり，もうすぐその日がやってきます。こんどは何の話をしようかな。毎年のことですが，毎回のように迷ってしまいます。

〈子どもたちのようす〉と言っても，あまり個人的なことも言えないし，かといって全体のようすなどの話も，すぐに済んでしまうでしょう。ううむ，困るなぁ。しかも，先月〈個人懇談〉をしたばかりなので，ますます話すことがありません。そんなとき，「おお，そうだ！」と，閃いたのです。

個人懇談でもやった「だったら作文」をやろう。

先月，子どもたちに「もしも，わたしが先生だったら」という題で，先生になったつもりで自分のことを書いてもらったのです。それを個人懇談でお家の人に見せて，「こんなこと書いてますよ」「自分ではこういう具合に考えてるんですねぇ」などと話を進めたのでした。これはかなり好評でした。

「こんどは〈自分の将来〉について書いてもらおう……ムフフ」ということで，さっそく子どもたちに提案しました。ところが，「えー，そんなん，何書いたらいいかわからーん」の声。やや，不安が募りましたが，「宿題ではないけど，明日書くことの内容は考えておいてね」とお願いして，その日はさようならしました。

●想像を膨らませて書く

次の日，早速書いてもらおうと思ったら，みんなほとんど考えていないようすで，なかなかエンピツが進みません。うーむ……。

それなら，と，キーワードを設定することにしました。

まず，書き出しは「私は(ぼくは)○○才です」とし，サンプル年齢に，「25才」「30才」「40才」を提示しました。これはその場の思いつきだったのですが，『たのしい授業プラン国語1』(仮説社) に載っていた，坂本知昭さんの「私は，○○歳」を思い出し，下のような型を黒板に書きました。

私は○○才です。
今，＿＿＿＿の仕事をしています。
その仕事は＿＿＿＿。
休みの日は＿＿＿＿。
家族は＿＿＿＿。
今の私の楽しみは＿＿＿＿。

「25才は仕事にもついたころかな。そろそろ結婚なんてこともあるかも。30才は家族ができてたり，まだまだ独身生活を満喫していたりするかな？　40才はお父さんお母さんの年齢に近い？　大人になったときの自分がどんな風になっているのか，想像して書いてみよう」と，説明しました。

「えーっ，そんなん書くのー」という声も聞こえましたが，いくつか思いつきの型を提示しているうちにだんだんと静かになりました。いつの間にか，皆もくもくと書いているのでした。書けないどころか，紙の追加を求める子まで現れました。すっかり「小説家の時間」になったようでした。

「将来の夢を」と言われると，やはりカタクなってしまいがちです。「だったら作文」なら，ウソでもいいので，ノーミソもやわらかくなります。ただしウソといってもあまりデタラメでは，おもしろくありません。ホントのようなウソがいいでしょう。「もしも自分が○○だったら」と想像をふくらませて書くのです。

皆が書き終わった後，子どもたちから「読んでー」という催促がありました。そこで，一つ一つ読んでいきました。希望にしたがって，名前は伏せましたが，読まれている本人はニヤニヤしたり，赤くなってうつむいたりするので，ほとんどがバレバレです。読むたびに，意外な子の意外な展開があり，そのつど爆笑がおきました。

　それでは少し紹介したいと思います。（もちろん，子どもたちの名前は全て仮名です）

□夜ご飯はときどき外食です。　安田くん

　自分は25才です。今，鉄道関係の仕事をしています。その仕事は鉄道の駅員です。毎日駅でキップを切ったり，落とし物がとどいたり，放送をしたりしています。鉄道会社の名前は，JRです。

　休みの日には，鉄道の写真をとったり家族そろって遊園地に行ったりしています。夜ご飯はときどき外食です。

　家族は４人です。２人は子どもで男の子と女の子です。

　今の自分の楽しみは，家に帰って，つめたいか，あたたかい食事を食べることと，２ヵ月に１度実家に帰って母さんにあうことです。家は京都の１けん家です。ペットは金魚です。

□夫は８時に　木下さん

　わたしは，25才です。今は，スーパーマーケットの仕事をしています。その仕事は，レジをうったり，しょう品をきれいにならべたりしています。休みの日には家のそうじをしたり，あしたのばんごはんのおかずを買いに行ったりしています。

　家族は４人です。女の子が二人で，ふた子です。３才です。

　今は，カナダにいます。とってもにぎやかなところです。たまあにどうきゅう生の○○ちゃんが買い物にきています。いつも家に帰る時間は夕方の４時です。そのあいだ子どもたちは，ほいくえんに行かせているから４時半にむかえに行きます。夫は８時にかえってくるから，かえると，まっさきに子どものね顔を見にいってます。子どもを育てるのはたいへんです。

□２軍ですけど……　高尾くん

　ぼくは，25才です。今，野球選手の２軍です。その仕事は，子どもにもやれて，身近です。

　休みの日には，海岸を走っています。家族は，よめと子どもが３人います。３人の中でも２人がやんちゃで，１人れいせいです。今，ぼくの一番の楽しみは，子どもとバッティングの練習とかキャッチボールをやったり，自分がでているゲームの（ビデオ）を見たりすることです。２軍ですけど……。

□科学者です　降矢さん

私は，25才です。

今，科学者の仕事をしています。その仕事は，まだ知られていない「ぶっしつ」や「原子」を発見することです。とてもやりがいがあって楽しいです。休みの日には，子どもといっしょに理科の実験をしたり，研究に使う材料を探したりしています。家族は，4才の女の子と1才の男の子がいます。名前は「りこ」と「わたる」で，住んでいるところは名古屋です。かれとは，大学のクラブで出会いました。今の私の楽しみは，かれや子どもとい〜ぱい遊ぶことです。たまに仕事や出張で帰ってくるのがおそくなるときもありますが，子どもたちは，自分でねてくれるのでとてもうれしいです。こんな家族をもてて私は，と〜っても幸せです。

□ざっしの表紙に　西本さん

私は，25才です。

今，モデルの仕事をしています。その仕事は，CMやざっしにのる仕事でCMにはいっぱい出てかつやくしています。ざっしの表紙に私はのっています。

休みの日には，デパートへ買い物に行ったり，アメリカ人の夫とドライブに行きます。家族は，女の子が2人です。いつも幸せにくらしています。

今の私の一番の楽しみは，CMに出ることです。あと，デパートでのお買い物も，いっぱいかわいい服とかピアスを買います。CMは，もういっぱいいっぱい出ます。海へ行ったりディズニーランドへ行ったり全部が一番楽しいです。

けっこんは，20さいくらいでしたかな。新婚旅行は，ハワイのワイキキがいいなー。海も近くにあるし，サングラスをかけてのんびりすごしたいです。トロピカルジュースをのんでみたいです。私は，30才くらいまでモデルの仕事をして，3回くらいはドラマや映画に出てみたいです。家はアメリカにあって，庭が広くてプールもついている家がいいです。1ヵ月に1度くらいはお母さんたちと食事をしたいです。私の家は，チョーごうかでとっても変な形の家で，色は黄緑ですこしだけレンガがついている家がいいです。キッチンは木です。自分の部屋はオレンジでまとめたいです。庭はいっぱい花で囲まれています。新こん生活1日目は，ハート型のハンバーグと家でとれた野菜のサラダとハート型のごはんがいいです。夫は「GOOD」と言ってくれます。

□社長です　　　　　元宮くん

ぼくは30才です。

今，建ちく会社の社長をしています。その仕事は，ビルを建てたり，設計図を書いたりします。休みの日には，家でごろごろしたり，部長と飲みに行ったりします。

家族は，子ども二人（男4才女6才）といつもたのしい生活をしています。今のぼくの楽しみは，部長たちと飲むことです。ゴルフもします。子どもたちと遊びに行きます。

初めはしぶしぶだった子も，いつの間にやら，夢中になって書いていました。こんな作文だったらいくらでも書きたくなるのでしょう。友達のを聞いては，また書くことを思いつき，空想はどんどん広がっていくのでした。

ところで，子どもたちが選んだ年齢の1番は25才でした。そしてほとんどが子持ちで，2人，3人もいました。若くして幸せな家庭を築いている人が多いようです。

ちなみに，40才を選んだ子は1人もいませんでした。年は取りたくないからでしょうか。さびしい現実です。

●懇談会でもオオウケ

「名前は言わんよ」と子どもたちに了解を得て，懇談会でも発表しました。しかし，名前を言わなくても，不思議と誰のかはわかるようで，自分の子のときは，テレテレ，人のときは「あんたのとこよ」とニヤニヤ，そして大笑いです。子どもたちと同じです。

作文には，日ごろのお母さんたちのようすが反映されているようで，それに驚いたり，また，子どもたちの想像力や表現力に感心したりで，瞬く間に時間が過ぎていきました。

次の日，「お母さんが読みたがってるから，早く作文を返してほしい」と要望がありました。こんなことは初めてです。さらには，保護者の方から「懇談会，楽しかったです」とのお手紙もいただきました。これなら，懇談会も楽しみになってきます。

＊参考にしたのは，西川朝子「個人懇談どうしてますか」，細井心円「もしも自分の子どもが小学3年生だったら」，坂本知昭「私は○○歳」。いずれも『たのしい授業プラン国語1』仮説社，に掲載。

（初出 No.303，05・12）

「コボちゃん」マンガで作文を書く

●工藤順一『国語のできる子どもを育てる』（講談社現代新書）をヒントに

木下富美子　東京・小学校

●理屈ぬきで楽しい

工藤順一さんの『国語のできる子どもを育てる』のなかに「コボちゃん作文」というものがでてきます。これは，植田まさしさんの「コボちゃん」というマンガを読んで，〈そのマンガがどんなマンガか〉を文章化してみる，というものです。マンガを題材に作文を書くというのはとてもおもしろそうです。工藤さんの本の中にはこの他にもたくさんの具体的な国語の指導法がでてきますが，私は「コボちゃんのマンガで作文を書く」というところだけをマネして，クラスで試してみることにしました。

作文を教えるとき，書かない子が必ずいます。それが，「コボちゃん」というマンガがあるだけで意欲が全然ちがってくるのです。「コボちゃん」を見ると子どもたちが笑顔になって，シーンとなります。

そのやり方は後でくわしく紹介しますが，要するに「コボちゃん」のマンガを見て，〈ある約束〉のもとに，作文を書くのです。

このやり方をはじめてから，それまで作文を1行も書かない子が，3回連続でちゃんと文章を書いたので驚きました。それだけでも私はこれをやってみた甲斐がありました。

「コボちゃん」は，『読売新聞』に長く連載されている4コママンガです。

主人公は5歳のコボちゃん。彼はまだ言葉が十分にわかっていないこともあり，家族との会話に行き違いが生じたり，勘違いがあったりします。けれど最後はいつも「ちょっと，おっちょこちょいだな，ははは」と笑えるオチがついているのです。ユーモアの質と場面設定とが小学生にちょうどあっているものが多いように思います。ただ，なかには慣用句やことわざの意味がわかっていないとオチのおもしろさがわからないものもあり，マンガといってもあなどれないのですが，ともかく絵の威力は偉大です。

この方法をはじめてから，作文の時間に毎回子どもたちが「今日コボちゃんやらないの」とか「いつまでつづくの？　もっとあるの？」と期待のこもった問いかけをしてくるようになりました。

その子どもたちの感想を紹介しておきます。

◎もっと書きたい

コボちゃんの作文は，絵があるから書きやすいです。セリフはヒントのようになっています。そして4コマだから順序のことばが使いやすいです。

〈そして〉と〈けれども〉の使い方がこの作文のおかげでよくわかりました。この作文は書けないことが絶対にありません。普通の作文だと「何を書こうかな」と考えてしまうけど，コボちゃんの作文は「もっと書きたい」という風になります。（河野るみさん）

◎説明したくなったりする

おもしろいから説明とかしたくなったりする。作文に書ききれないほど書きたくなるからです。４コマめのとき，いっつもわらえるところがあるから，そこだけいっぱい書いちゃう。工夫しなくちゃと思うのでついいっぱい書いちゃいます。書き終わると次はどんなのかなと待ち遠しいです。主人公がいるので物語みたいで楽しいです。（塩野彩子さん）

いつも「作文が苦手」と言う子どもたちが，うれしそうに書いているのが新鮮です。

●絵があるから書きやすい

この題材のいいところは，〈４コマである〉〈起承転結が明確である〉ということです。４コママンガの中でも，「コボちゃん」は小学生にはぴったりだと思います。

子どもたちは絵を手がかりに書くことができるので，何も書けないという子がいません。吹き出しのセリフがあるので，それをそのまま使うこともできるのです。しかも，子どもたちの感想にあったのですが，言葉使いがていねいです。たとえば，コボちゃんがお母さんに牛乳をたのむ場面では「熱い牛乳をお皿に２杯おねがいします」という具合です。

これも子どもの発見なのですが，「絵がごちゃごちゃしてなくてわかりやすい」と感想に書いてありました。家族構成も，コボちゃんと両親，おじいちゃん，おばあちゃんの５人家族です。

「マンガにそって書く」ということは，はじめから書くことが整理されているわけです。ある子はマンガが配られるとすぐ「今日のはこうやって書こうと思いつく」と書いています。〈いつ〉〈どこで〉〈だれが〉〈どうした〉が迷わず書けるので，すばらしい教材です。

作文では，感想や自分の気持ちを入れて書かせることが多く，そうすると「おもしろかった」「楽しかった」と決まりきった形で終わりがちです。しかしここでは，あくまでも絵にそって起こったことやマンガのおかしさについて説明していけばいいのです。それも書きやすさの秘密かもしれません。

書き終わったら，５人に中身を，５人に題を発表してもらいます。聞いている子には感想を聞くのですが，それもまた楽しみの１つです。同じ４コママンガで作文を書いているのに，人によって言い回しが微妙に違っていておもしろいのです。自分も作文を書いているので，そのおもしろさがよくわかるのです。

こういったことって，学校の作文の時間にしては画期的なことなのではないかと思います。

また，書いたものを家に持って帰って，弟妹と読んだり，それを説明してやったりして，家族で話題にして楽しんでいる子がたくさんいました。そういう話題性のある教材は貴重だなぁと思いました。わざわざ「宿題ね」などと言わなくても，子どもたちは〈楽しいことは人にしゃべらずにはいられないのだ〉ということがよくわかります。

●接続詞を使う練習

絵をそのまま説明していっても，つなぎの言葉が入らないと収まりが悪いことがあって，子どもたちは必然的に「何かここに入れないと」と考えます。今年担任している小学校4年生が接続詞を意識して作文を書くのに最適です。

〈そして〉〈けれども〉〈すると〉〈というわけで〉などという言葉も使います。また，〈はじめに〉〈次に〉などの順序をあらわす言葉はいうまでもなく使えます。「〈けれども〉をオチの部分で使うようにする」といった条件をつけて作文を書くこともあります。

作品によっては，やや古風な設定もありまして，障子や茶筆筒という言葉を絵とともに教えたりすることができました。また慣用句や季節の風物が出てきたりするので，使う場所と使い方を絵の助けをかりて簡単に理解させることもできます。4コマのマンガから教えることが広がるのです。

●実際の手順

①コボちゃんのマンガを手に入れる……『読売新聞』を切り抜くか，単行本（植田まさし『コボちゃん』蒼鷹社《そうようしゃ》，全60巻，税込各500円）をどれか 1 冊買う。

② 240字または400字の原稿用紙を裁断機で半分に切って配る……文章を書くことに苦手意識のある子でも，120 ～ 200字程度なら「簡単に書ける」と感想文に書いていた。

③マンガを見てから，〈この4コマで何がおかしいのか〉をオチの部分がわかっている子に説明してもらう……ときどき，子どもたちの語彙や知識が足りないため，マンガのオチのおかしさがわからず，ただ「マンガ」というだけで笑っていることもある。

④マンガのなかで起こっていることを作文に書く。その際に，「〈そして〉〈けれども〉などのつなぎの言葉を 2 つ以上使って

書く」という条件をつける……この条件の言葉以外にも〈どうしてかというと〉〈すると〉などといった接続詞を使わないと，4 つのコマがうまくつながらないことが多いので，子どもたちはマンガをよく見直し，考えることになります。

⑤書く時間は 10 ～ 15 分ほどとる。早く書き終わった子は題を考えてみる。

⑥座席の順で 1 列 5 人に発表してもらう。時間があれば他の 5 人に題を発表してもらう。発表を聞いている人には感想を聞く。

では，実際に書いてもらった作品を紹介します。

★かきのたね→

コボちゃんはおじいちゃんが，タネを植えているのを見ています。

そして，おじいちゃんに，コボもやってごらんと言われて，戸だなをのぞいています。

しかし，コボちゃんが持ってきたのはおかしの「かきのたね」でした。

（佐々木美和さん・4 年生）

＊ 120 字の原稿用紙

★なんのタネ→

ある日，おじいさんがタネをまいていました。そして，こういいました。「秋になるとやさいがいっぱいなるぞー。コボも何かまいてごらん」といわれたのでコボはとだなで，何かあるかなーとさがしました。そして，タネをコボもまいてみました。そして，おじいさんが「それは，なんのタネだ？」と聞くとコボはおじいさんにそのタネを見せました。じつは，そのタネはおやつのかきのタネだったのでおじいさんはぎょうてんしました。

（嶂南《やまなみ》くん・３年生）＊200字の原稿用紙

———「かきのたね」はオチがわかりやすいので，『コボちゃん』で作文をおこなうときはいつも最初に試しています。

★お父さんだまされた！→

コボちゃんは，プールでお父さんに，「オ！」とほめられました。コボちゃんは，バチャバチャやっていました。お父さんは，「あんな背およぎどこでおぼえたんだ？」と言いました。そしたら，コボちゃんは，「うちのたたみの上」と言いました。

けれども，コボちゃんは，たたみで「おもちゃかってー！　おもちゃかってー！」と言ってるだけでした。（松田冴花さん）

＊200字の原稿用紙

★おでかけにいくのかな？→

コボちゃんは，お母さんの「じゃ行きましょうか」の声におきて，コボちゃんは，いそいできがえました。お母さんとおばあちゃんに，「ちょうどよかったはやくいらっしゃい。」と言われ，いそいで行きました。けれども，ゴミおきばにゴミをおきにいくことでした。

（川畑菜々子さん）＊120字

↓★アメ玉

男の子が時計をひろって，交番にとどけた。そしたら，交番の人が，アメ玉をくれた。男の子は公園に行って，「アメ玉もらっちゃった。」と友だちに言った。そしたらコボちゃんたちは，おとしものを交番にとどけた。

けれども，それはアメ玉がほしくてとどけたゴミだった。

（藤田ゆり子さん）＊120字

＊ここに掲載した「コボちゃん」は，著者「植田まさし」さんの承認を得ています。

（初出No.331，07·12）

俳句でコミュニケーション

17字の作文

田畑和徳　大阪・小学校

●作文がわりに気楽に俳句

「作文の授業をします！」と言うと，たいてい「エーッ」と嫌そうな声が上がります。「短くてもいいかー？」と聞く子がいるのも毎度のことで，そのたび「短いってどれくらいやねん」と返したりします。あんまり短いのをいいとも言えないし，でもだらだらと長すぎるのも困るなあ。正直，読むのもけっこう大変だからです。

そこで，このごろやっているのが「17字の作文」，つまり俳句です。厳密には俳句というより川柳のような「短い詩」に近いかもしれません。季語や五七五に細かくこだわらず，作文代わりに気楽に書いているので「17字の作文」というわけです。

きっかけは，ステキな俳句集を見つけたことにあります。

金子兜太《とうた》監修『小学生の俳句歳時記』（蝸牛新社，現在品切れ）という本です。

ちょうど授業で「短歌と俳句」の単元に入ったころ，『朝日新聞』に紹介されていたのを読んで，すぐに梅田の紀伊国屋書店へとんでいき，手に入れました。

この句集には，各地各種の俳句コンテストの優秀作が集められています。作者はみんな小学生ですが，その作品はなかなかのものです。たとえば，こんな俳句があります。

なのはなが　月のでんきを　つけました／小１　とづかひろこ

せんこう花火　なみだみたいに　おちました／小３　綱雅子

しんけんな　顔が風切る　運動会／小６　高田秀雄

あまりに上手なのに驚いてしまいます。いきなりこんな素敵な句はできないとは思うけど，読んでいるうちになんとなく自分も出来そうな気になってきます。

●遊び感覚で俳句に親しむ

ところで，『朝日新聞』には，「虫食い川柳」というコーナーがあります。川柳の一部が伏せ字になっていて，そこに入る文字を当てるのです。たとえば，こんな感じです。

降りる駅　までに□□が　出来あがり／岩田明子

鬼は外　いやな□□を　ふと思い／安藤紀楽

（答えは，化粧，上司）

これなら虫食い問題を考えながら，遊び感覚で俳句に親しむことができます。

そこで，『小学生の俳句歳時記』からいくつか良い句を選び，「虫食い俳句」を作りました。それで授業をしてみると思ったとおり好評で，子どもたちから「もっとやりたい」と声が上がりました。そればかりか俳句を楽しんで作るようにもなったのです。

それからは何かあるごとに（なくても）俳句を作っています。

松尾芭蕉，小林一茶などの名句もいいですが，やはり子どもには子どもの作品がよいお手本になるようです。以下の本が参考になります。

・金子兜太監修『小学生の俳句歳時記』蝸牛新社（品切れ）
・醍醐育宏著『小学生のやさしい俳句』小峰書店（品切れ）
・金子兜太監修・あらきみほ編著『名句もかなわない子ども俳句170選』中経出版

品切れになっているものは，図書館などで探すと置いてあるかもしれません。

ここでぼくが行っている俳句の授業のすすめ方を紹介します。

1．虫食い俳句

俳句入門として，同じ小学生の作った句を「虫食い俳句」にして読みます。驚いたり感心したりしながら，「もしかして自分にもできるかも」と思ってくれたら，グッドです。

また，俳句にはいくつか約束事がありますが，そのためかえって自分の気持ちをしぼっていきやすいこと，また逆に，気分を大事にしていけば，あまり固く約束事にとらわれなくてもいいのだなあということを，「虫食い俳句」を通じてなんとなく感じてくれたら上出来です。

①俳句の一部を伏せ字にし，そこに入る言葉を予想する。○はカナ，□は漢字が，それぞれ１文字入る。
　ここでは『小学生の俳句歳時記』から選んだ句を虫食いにしてみた。

そらをとぶ　○○○みたいな　はちがくる
／小１　みかみまさあき

わたしは補欠　すわって○○を　かいている／小５ 武島和香子

けいろうの日　おもいついての　○○○○○／小５ 土居めぐみ

とうめいにんげん　わたしのとなりの　○○○○に
／小１ さとうゆきこ

話してる　□□が出そうな　白い息／小６ 斎藤安寿

（答え：バイク，あせ，かたたたき，ぶらんこ，文字）

②考えが浮かんだらどんどん発表してもらう。理由を言えたら言ってもらう。

むずかしい場合は，ヒントを出す。たとえば〈そらをとぶ　○○○みたいな　はちがくる〉だったら，「実際は空を飛ばないよ」「はちみたいに音がうるさいよ」「乗り物だよ」など。

③友達の考えの中に賛同できるものがあるか聞く。

④自分がいいと思った言葉を入れて，俳句を読んでもらう。

⑤答え（作者の考え）を発表する。

出てきた考えが答えと違っていてもダメとは言わず，「ああ，それもいいねえ」「感じが出てるよ」などと認める。

ただし，「作者の考えよりいいね」などと言うのはNG。作品は，あくまでもその作者のもの。

⑥季語を見つけて，下線を引いてもらう。中には「ぶらんこ」のように，「なんでこれが〈春〉なの？」と言いたくなるものもあるが，だいたいはなんとなくわかる。

⑦もう一度，今度は正解の言葉を入れて読んだら次の句へ。

⑧一通り終わったら，気に入った句について話し合ったり，ノー

トに写したりしてもらう。

以上を，2001年に初めて「俳句・春夏秋冬」と題して授業をしました。そのときの子どもたち（6年生）の感想を紹介します。

☆土曜日さんかんがあった。はいくの穴をうめるやつをやった。
そのとき，どんどん穴に入る言葉が出て気持ちよかった。
中尾くん

☆○や□に何が入るかみんなに聞いて，まちがっていても，それでも合うなーと思う。私も心の中で，あっこれかな？と思うけど，はずかしくて言えない。でも，書くとある程度書ける。
下村さん

☆俳句は，短い文でいろいろ表現しなくちゃいけないからむずかしいと思っていたけど，つくるのはたのしそう。
岩本さん

☆言葉をうめるやり方はなかなかおもしろい。いいやり方だと思う。
まじめすぎる教科書よりいいやり方だと思う。
村上くん

☆俳句の勉強はとてもおもしろい。クイズのように考えるのがスキだ。みんなとてもうまくできていると思う。特に「敬老の日おもいついてのかたたたき」が1番スキ。何かあったかい感じがする。
中川さん

☆俳句春夏秋冬は，とてもおもしろい。もともと私は，俳句が大きらいだ。俳句を見るたびに頭がいたくなります。でも，なんか，この俳句は□とか○とかがあってそれを当てるみたいなやつなのでとってもおもしろいです。これならどんな俳句もすきになりそうです。
木戸さん

☆私より小さい子なのにわたしでもわからないはいくを書いていた。
とてもいいやつもあったし，かわいいやつもあった。
私も1回だけはいくを作ってみたいです。
櫻井さん

２．作ってみよう

虫食い俳句をたくさん考えていくうちに，自分でも１つ２つなら俳句を作れそうな気になってきます。そこで，次に俳句作りの手がかりになるようなことを紹介します。

A. テーマを決める。

「何でもいいから」というのはかえって難しい。季語はあってもなくてもいいのだが，キッカケの一つにはなる。

B. ことあるごとに書く。

例えば，「林間学校」に行ったらそのときのことを俳句にする。〈飯ごう炊さん〉〈バンガロー〉〈キャンプファイヤー〉〈アスレチック〉などの関連した言葉を出し合って思い出す。

「楽しかったこと，面白かったことを一言二言で書こう」などと言うと良い。俳句は，言葉の写真だ。

C. 禁句を作る。

「運動会」がテーマの場合，「運動会～」「～運動会」などと，ワンパターンな俳句が多くなる。そういったときは「うんどうかい」という単語は禁句にする。「〈うんどうかい〉という言葉を使わずに運動会のことを書こう」と言う。

D. 気楽に・たくさん作る。

気楽に，とにかくどんどん作る。

E. 読み合う。

作ったらすかさず印刷してみんなで読み合う。句会を開くのも良い（句会の方法は後述）。

F. ほめる。

出来た句を見せてもらったら，できるだけほめる。人と違うところ，言葉，表現，何でもほめる。

G. きれいに飾る。

短冊，色紙を作って掲示する（掲示の仕方は後述）。

H. ふたたび「虫食い俳句」を行う。

今度は子ども達自身が作った俳句を虫食いにする。秀作句をどんどん紹介していく。自分や友達が作った俳句が虫食いになると楽しい。

３．句会を開こう

俳句をどんどん作れるようになったら，「みんなで句を読み合う会をします」と言って，「句会」を開くとよいです。

いろんなやり方があると思いますが，ぼくはまず本に載っている小学生の名句の中からいくつか選び，番号を付けて印刷します。それをみんなに配って，「いいな」と思った句を一つ，番号とその気に入った理由を書いて，発表してもらいました。

たとえばこういった句（『小学生のやさしい俳句』掲載の句）が選ばれました。

しゅくだいを　朝思い出し　とびあがる

☆「ぼくも朝にしゅくだいをやりわすれてることを思い出してやったことがあるから。でもそれが，休みの日だった」森崎くん

夏の雨　私のかさは　ピアノです

☆「雨がかさにおちてピアノのようなキレイな音が出ているのをそうぞうして，この俳句はイイなと思ったから」沖田さん

かみなりに　１ばんさわぐ　おかあさん

☆「おかあさんはビビリやから，かみなりとか虫を見ただけで半泣きじょうたいになるからこの俳句を作った人の気持ちがわかる。自分

のおかあさんにそっくりやから，気に入った」りなさん

次に，いよいよ自分たちの作った句で「句会」をします。

当日までにすること

・未発表の句の中から，一つ選んで先生に出す。

・先生は，作者名は伏せて，番号をつけて印刷，発表する。

・発表された句の中から自分の作った句以外で「いいな」と思う句を選び，その理由も書いて出す。

・先生が集計する。

当日（1時間・参観日などにおススメ）

❶みんなで番号順に読みあう。

❷何人かに「自分が選んだ句・いいと思った句と，その理由」を発表してもらう。この時点では，作者はヒミツのつもり（大概バレているけど）。

❸自分の作った句を，筆ペンかネームペンで，短冊に書く。短冊は8つ切り白画用紙を三等分したものを使う（右図）。

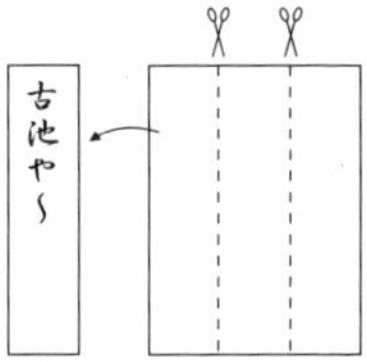

❹番号順に作者本人が前に出て短冊を読む。できれば一言コメントも。短冊は黒板に貼っていく。すると，「おー，○○さんのだったのか」「あー，やっぱり××くんか」と，ここで初めて作者がわかる。

❺全員の発表がすんだら人気上位のいくつかを発表する。〈グランプリ〉〈審査員特別賞〉など適当に名前をつけて表彰する。

4．きれいに飾ろう

句会をした後は，短冊に自分の句を書き，教室に飾っておける

ようにします。

作り方

⑴白い８つ切り画用紙の，長い方の辺を半分にするように切る。

⑵半分に切った白画用紙にスパッタリングをする（古歯ブラシに絵の具をつけ金網にこすり，飛沫を飛ばして画用紙に色付けする）。紅葉などを拾ってきてマスキングすると雰囲気が出る。

⑶自分の句を筆ペンで書き，発泡スチロールトレイで作った落款を押す（松平久美子「発泡トレーでオリジナルはんこ」『ものづくりハンドブック6』仮説社，参照）。白画用紙より一回り大きい色画用紙に貼り付けたら完成（右写真は2005年に小学４年生が作った作品です）。

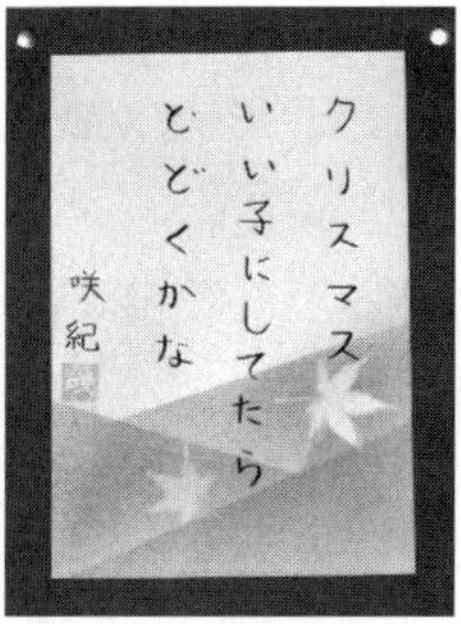

５．もっと作ろう

いつでも俳句を作れるように，ホームセンターでお徳用ノート10冊セットを買ってきて，電動裁断機で上下半分に切りました。これを「俳句ノート」にして，いつも机の中に入れておき，朝学習の時間など，思いついた時に俳句を書き留めることにしました。テーマは自由です。

俳句を作ることは，初めは戸惑いがあったようですが，しばらく続けるうちに慣れて，生活の一部になりました。何かあるごとに「俳句，書こう」と子どもたちから声がかかるようになったのです。「えー，作文か」と嫌そうに言ってた子もです。思わず，にんまりしてしまいました。

最後に，2004年に受け持っていた５年生の子どもたちの俳句を一部紹介します。どの子も素敵な俳句を作っています。

いねの中　イナゴがかくれて　どこだろう／しょうた
いいにおい　松茸のにおいに　つられてる／せいご
テニスコート　５年１組から　見えている／みき
また台風　家がゆれて　こわかった／だいすけ
おじいちゃん　走りの時に　おおえんだ／さやか
コスモスが　風にゆられて　おどってる／ゆうか
秋にはね　もみじがきがえ　するときだ／りな
サッカーで　シュートをきめて　うれしいな／しょういち
てんじょうに　正方形が　いっぱいだ／だいき
ねる時は　いつでもいいゆめを・・見たい／つかさ
サイフの中　十円いっぱい　おもたいな／よしふみ
ハラせんさー　10時ごろには　なりはじめる／あいり
戦国時代　調べてみたいな　真田幸村／ひろき
食よくの秋　今日のごはんは　なんだろう？／りえ
しょうぎでね　あついバトルが　つづく日々／ゆか
秋のうた　うたって秋が　来る／かずき
友達と　プロレスやって　けがをした／かれん
ごめんなさい　父におこられ　言うせりふ／わたる
もみじがね　キモチよさそに　ゆれている／ちなつ
けんかして　次の日にはもう　大親友／りこ
はん画はり　せかいに一つの　カレンダー／たくや

（初出No.211，99・5）

うその作文で個人懇談会

●小学６年生が親と先生の会話を予想

竹内清和　大阪・小学校

●個人懇談会当日の朝，突然声が出なくなった

それは，１学期末の個人懇談会が始まるその日の朝のことでした。前の日からなんとなくのどの調子がおかしく，声がかすれ気味になってきたので，「風邪気味かな」と思い，用心して早めに寝ることにしました。しかし蒸し暑くてなかなか寝つかれず，午前４時ころ目が覚めてしまったときのこと，「今，何時かな？」と言おうとしたら，まったく声が出ないではありませんか！　「あれっ？」と思って，もう一度しゃべろうとしてもやっぱり声が出ません。のどの奥からかすれた空気がもれるだけです。

「こ，こんな馬鹿なことがあるもんか！」と思ってみても，夢ではなくれっきとした事実です。「こりゃあ大変だ。なんとかしなくては」と思い，朝一番に近くの耳鼻咽喉科に飛び込みました。

診断の結果は,「声帯の下半分が炎症を起こして真っ赤にはれています。ここしばらくの間,いっさい声を出さないことですね」と言われてしまいました。

●声が出ないなら,文字（ワープロ）で！

懇談会の当日になって急に日程を変更することは,保護者の方も予定があることなので,実際問題としてとても無理です。だからといって,この学期末のくそ忙しいときに37人もの子どもについて文章表記する元気もありません。

そこで思いついたのが,「ワープロを使う」ことです。これなら僕も親も一緒に画面を見ることができるし,字のうまい下手も関係がない。そこでさっそくワープロに向かって,一人ひとりの個人データを打ち込んでいきました。データといったって,そんなたいそうなものじゃなく,しゃべるためのメモみたいなもんなので気楽に打ち込んでいけました。下記のようなものです。

○○君

☆はじめに,子どもが親と先生になったつもりで書いた作文「個人懇談会のようす」〔次章参照〕を読んでみてください。

・遊びのなかでは,常にリーダー性を発揮している。体育や音楽でも,ここというときはまとめようとする力を持っている。
・いたずらをしたり,人のいやがることを（あだななど）言ったりすることもあるが,女の子にもやさしいところがある。
・算数の文章題で,単位のつけわすれがよくある。
・要領よく,そうじをさぼることもある。
・飼育委員会の委員長。仕事もよくやってくれると担当の先生からの伝言あり。

このワープロの画面を保護者と一緒にながめながら，最小限のことをささやくような声でお話させてもらいました。

●子どもが書いた個人懇談のウソ（予想）の作文

またこの懇談会では，前もって子どもたちが書いた「個人懇談会の予想作文」もすごく役に立ちました。保護者に最初に読んでもらったのですが，読みながら，笑いすぎてハンカチで涙をふきながら「私の言いたいこととそっくりですわ！　これだけで懇談終わってもいいぐらいですね」というお母さんもいたぐらいですから。（「ウソの作文」については，『たのしい授業プラン国語1』仮説社，参照。西川朝子「個人懇談，どうしてますか」などがあります）

この「ウソの作文」は，次のようなことを子どもたちに言って書いてもらっておいたものです（実例は後出）。

①先生と君たちの保護者（母親だけでなく誰が来てもいいよ）が，懇談をしている風景をまず頭に描いてみよう。
②最初はあいさつから書きはじめよう。終わりのあいさつもね。
③世間話をするかもしれんなあ。
④先生が話をすることは，「友だちのこと，学習のこと，学校生活のいろいろ，よくがんばったところ，健康面などなど」。人によって内容はちがうから，自分のことをよーく考えてみたらわかるでしょう。
⑤どんなことを書いてもよろしい。親には「絶対に怒ったらあかんで」と言っておくから，安心して書いてください。

⑥原稿用紙２枚にちょうどおさまる程度でまとめなさい。

●シーンとした個人懇談会当日

懇談の１日目は，本当に耳のそばでそっと言うようなささやき声しか出なかったので，廊下を通るほかのクラスの教師から「シーンとしてるから，えらい早いこと懇談会が終わったんやなと思った」といわれたくらいです。僕がそんな声だと，おもしろいもので相手のお母さんも同じようにヒソヒソ声になるんですね。ふたりがワープロの画面を見つめながら頭を近づけてヒソヒソ話をしている場面を想像するとけったいな風景ですよ。

でも，おかげで無駄話をすることもなく，予定通りの時間で懇談会がすみました。口だけではわかりにくいときは，ワープロに書いて説明できるし，この「ワープロ懇談会」もけっこうオススメかもしれません（？）。

●子どもの作文「1学期個人懇談会」

以下に子どもたちの書いた作文の一部をご紹介します。

□山本和雄

母「こんにちは」**先生**「もう暑いですね」**母**「そうですねー」**先生**「こういうときにビールを一き飲みするとうまいですよー」**母**「はあ？」**先生**「すいません。つい……」**母**「いいんですよ！」**先生**「それより，桑田君はうんどうしんけいがすごいですからびっくりしますよ」**母**「そうですか。でも家でしゅくだいをしないでゲームばっかりしてるんですよ」**先生**「そうなんですか」

母「だからいつもおこっているんです」**先生**「でも桑田君はすごい子ですよ」**母**「そうなんですか」**先生**「友達かんけいもいいし」**母**「そうなんですか」**先生**「あとはべんきょうさえできれば」**母**「そうですね。家でもあそんでばっかし。べんきょうをしようとしないんですよ」**先生**「でもべんきょうもけっこうできてるんですよ」**母**「そうなんですか。しらなかったですよ」**先生**「そうなんですか」**母**「ええ，ぜんぜんしらなかったです」**先生**「人に言わないのかな」**母**「そうかもしれないですよ」**先生**「それでは時間ですから」**母**「ありがとうございました」**先生**「いいえ」**母**「では，しつれいします」

□鈴木淳子

竹（先生）「こんにちは。あついですな～」**母**「こんにちは。本当にあついですね！　ところでうちの子はちゃんとできていますか？」**竹**「ちょっと本読みが，ところどころつまりますから，練習をしといてください」**母**「わかりました。夏休みに練習をさせときます。でも私は休みがない方がいいですよ。けい子ったら，あんまり手伝いをしないんですよ！　妹の方がやってくれるんですよ。それに，口がとても悪いんですよ。そんな言葉つかったらあかんていっているのに。でもね，やるときは笑顔でやってくれるんですよ。勉強でもやるときはやります。この前の春休みは，絵日記をちょこっとかいていたんですよ。今年の夏も絵日記を書いてもらうんですよ」**竹**「そうですか～。できたら見せてくださいませんか？」**母**「ええー見せますよ。見せます」**竹**「あっ，一番ガンバッテほしいのがあります」**母**

「何でしょうか……」**竹**「なんだと思うでしょうか。あててみてください。一番にがてなやつですよ」**母**「わかりました。算数でしょ」**竹**「すごーい。大当たりですよ」**母**「やっぱり算数ですか」**竹**「ま，夏休みにガンバッテください」**母**「きっちりと教えます」**竹**「まだ時間がすこしありますね」**母**「じゃ，せけんばなしをしましょうか」**竹**「そうですね〜」**母**「私は本当は，二番目のお兄ちゃんが女で，けい子が男だったらよかったと思っていました」**竹**「男子友達もけっこういるし女子でもけっこういて仲よく楽しくあそんでいますよ」**母**「そうですか。もう時間なので，さよなら」**竹**「さよなら」

〔子どもの名前は仮名です〕

たのしい授業プラン　仮説社

国語1〜3

「たのしい授業」編集委員会編　B6判

1　「説明文」を「読む」ということ／国語科「よみかた」の授業運営／きみにも書ける〈接続詞〉作文法／子どもがつくる通知表所見記入欄／ウソの作文，他　**税込2100円**

2　書きたいことを書く作文の授業／宝島をたんけんしよう！／漢字部首カルタ／漢字の原子に名前をつけよう／もうやめられません朝の連続小説／五味太郎講演記録，他　**税込2100円**

3　俳句カルタで名句ができた！／絵本のつづきをかこう／『好きな動物と一日すごせるとしたら？』／接続詞となかよし！／慣用句ってたのしいね！，他　**税込1365円**（臨時増刊号）

たのしさいっぱい

絵本で授業

（初出No.337，08・5）

絵本で「あいうえお」の授業

●『あっちゃんあがつく　たべものあいうえお』はおすすめです！

奥　律枝　東京・小学校

みね よう原案／さいとうしのぶ作『あっちゃんあがつく　たべものあいうえお』（リーブル，税込1890円）

これは子どもに大人気の絵本です。

こんな調子で「○ちゃん○がつく～」と，○の中のひらがなが「あ」～「ん」まであり，さらに濁音・半濁音もあります。〈たべものあいうえお〉なので，すべて食べ物が出てきます。食べ物の絵に表情があって，いろんな仕草をしているのが，小学１年生には受けます。

「エビフライがお風呂に入っているみたいだよ」

「気持ちよさそうだねぇ」

こんな会話で，字の苦手な子も絵に見入って，本の世界に浸れます。

眺めているだけでも楽しい本です。「ふらい」など，外来語もひらがなで書いてあるので，１年生の最初の時期にぴったりです。

しかも「この本で授業ができる」と同じ学年の本が大好きな鴨下万亀子先生から教えてもらいました。そこで私は，授業参観を含めて５時間を使って，この絵本で授業をやってみました。

授業の流れ（全５時間）

１時間目：この本の読み聞かせと，〈自分のページ〉作り

最初は私がこの本を通して読みました。１年生は途中で飽きるかと思いきや，最後まで聞いてくれました。私の方が「まだある」とページをめくりながら思ってしまうほどでした。

その後，「みんなも絵本を作ってみよう」と呼びかけると，「つくる，つくる！」とうれしい返事が返ってきました。自分の名前から一文字とって，見開きのページを作ります。

厚手の画用紙を半分の大きさにカットし，ひらがなを入れる○を二つ印刷しておいたものを用意しておきました。「〈たべものあいうえお〉だから，食べ物のことを書いてね」と制約をつけ，その紙に文と絵を書いてもらいました。

２時間目：読むページを分担し，読む練習をする

授業参観でこの絵本を読むことを伝えると，それだけで１年生は張り切ってくれます。読みたいひらがなの〈あいうえお順〉に子どもたちに並んでもらい（コレに時間がかかる），読む練習をします。自分の作ったページも読む練習をしておきます。ひらがなを習いたての１年生は，自分の書いた字もすらすら読めない子がけっこういますが，本の字もすらすら読めない子も，この練習で覚えてしまいました。

3時間目：授業参観

①絵本の音読（15分くらい）

いよいよ授業参観。保護者の前で前回練習したように「あ」から順番に子どもたちに読んでもらいました。読み終わったら，次の人に本を渡します。私の場合は，図書館の本と自分持ちの本，合計２冊を用意したので，一冊を私が持ち，子どもが読んでいるページを保護者に見せました（こういう役割が担任にあると自分が気楽）。プロジェクターで本を映せると，もっといいかもしれません。

②事前に作った〈自分のページ〉を紹介する（15分くらい）

③続きのページを作る（10分もかからず，一人目の子ができる）

自分の名前に入っている文字から書かせました。１枚書けて，絵も描けたら，色を塗らせて時間調整。食べ物が思いつかない子もいるので，様子をみながら声をかけていきました。私が考えるより，子どもに聞いたのがよかったです。「ふうかちゃん，〈ふ〉が思いつかないんだって。〈ふ〉のつくたべものない？」「フーセンガム！」「おーなるほど！　いいね」。

このやりとりを聞いて，自分でもそうだと思いだし，書き始める子が何人かいました。

④発表する（残り時間で数人）

時間が来てしまうので，見はからって作業を中止させます。できている子で発表したい子（数人）に発表してもらいます。「続きは明日ね」と余韻を持って終わるのがよいでしょう。

4時間目：続きのページを作る

５時間目：張り合わせる。表紙をつける

２枚目３枚目を背中合わせに貼っていくようにします。

失敗したこと

授業をしている私も楽しかったし，読んだり書いたり発表したりといろんな場面が入っていてよかったです。

でも，実際にやったときは，上に記した流れと少しちがっていました。私としては聞いたとおりにやったつもりだったのですが，当日の記録を鴨下先生に読んでもらってからその事実が発覚。ガーン。

上記の流れは，〈鴨下案〉なのでご安心を。私の場合は，事前に子どもたちに自分のページを作ってもらっていたのに，授業参観ではそれを読ませませんでした。たぶん忘れてしまったのでしょう。

なので，時間が余り過ぎ（15分ほど），次を書きたい子をずっと待たせるわけにもいかず，１枚仕上がったら前に出て私が横につきながら，発表させてしまいました。

発表し終わった子は，さらに次のページを書くということにしました。その結果，一人で２回３回と発表する子もいれば，１回も発表しなかった子もいます。基本的には発表したい子が多かったのですが，思いつくまでに時間がかかったり，こだわりがあって作業が遅くなったり，なかなか発表までいかない子もいたようです。

さらに，次から次へと前に来る子どもについてあげたため，遅くなっている子のフォローが手薄になってしまいました。２回目

以降の発表は，先生なしで，〈全員を発表させる〉方に神経を使えばよかったと思ったのですが，後の祭り。でも，子どもの立場に立つと，前に出るのが恥ずかしい子もいたのではないかと思います。前記の予定②を実行していればこんな悩みは生じなかったので，みなさんはお気をつけください。

さらに，後半で〈書く作業〉と〈発表〉を同時進行させたので「じゃあ，時間だから今並んでいる人までね」と言っても，発表するつもりで前に並びに来る子が後から後から来てしまいました。

続きの時間をとることを約束して，一度手を止めさせればよかったのです。でも，すっかり読む気でいる子に「ここまで！」と言えませんでした。「あれ，さっきここまでと言ったんだけど，じゃあ，○○君までね」と言うセリフを何回か言うと，お母さんたちから苦笑の声も。とほほ。

小さい「っ」「ゃ」の学習もまだでしたが，子どもたちは案外すんなり受け入れてくれました。私も，事前に１枚書く段階で「ここは小さい〈っ〉だよ」と言ってさらりと済ませました。

授業をしたのは１年生の１学期の中ごろでしたが，学期末にサークルで紹介するために，子どもに作品を貸してもらおうと声をかけたら，すぐに持ってきてくれました。大切にとっておいてくれたのがうれしかったです。

教室に置いてあるこの本は，いまだに人気があり，何度も子どもたちに読まれています。授業なしでも，この本はオススメです。

（初出No.337，08・5）

1冊の絵本でいろいろ楽しみました

木下富美子　東京・小学校

☆1年かけてゆっくり読む

奥律枝さんから教えていただいた『あっちゃんあがつく　たべものあいうえお』（リーブル）という絵本で，小学1年生と4月から楽しみました

「さっちゃん　さがつく……，さて，何の食べ物が出てくると思う？」と問いかけて，予想を出し合ってから答えてもらいました。

「さとう」「さくらもち」と「さ」のつくものを出し合っていると，いきなり「さる」なんて言う子もいて笑えます。

1年生は，初めのうち文字も読めない・書けない子もいるので，まずは「あいうえお」を教えてからということなのですが，その間にも，時々，私の方が「なんか楽しいことないかな」という気分になってくるのです。そんな時，お手軽な気分転換の一つに，ほんの5分この本を読んであげました。どこから読んでも，どこで止まってもOKなので，1年間かけてゆっくり子どもたちと読みました。

この絵本には「がっちゃん　ががつく　がむがむ　ちゅーいんがむ」「ぱっちゃん　ぱがつく　ぱいなっぷる　いかが」などと濁音・半濁音も入っています。この2つを読んだだけでも，リズムのよさを理解していただけると思います。

たまたま作者の斉藤さんの講演会に行ったら，〈「あっちゃんあがつく　アイスクリーム」と先生が読んだら，子どもたちが「アイスクリーム」と唱和するようにして読むと楽しい〉とおっしゃっていました。

6月，教科書に小さい「っ」や「ゃ」が出てきたときも，この絵本で視写の練習をしました。私が

黒板に絵本の言葉を大きく書いておき，それを子どもたちが写すのですが，楽しみながら拗音，促音を覚えられたようです。

11月にはカタカナの練習になり，またまた，この絵本の登場です。「でっちゃん　でがつく　でこれーしょんけーき」と私が絵本を読んで，子どもたちはそれを聞きながら，「デコレーションケーキ」とノートに書いていきました。

☆カルタ作り

そして１月，子どもたちと絵本を下敷きに「食べ物のカルタ」を作りました。

「自由に何か作ってごらん」というと何から作ったらいいのか困ってしまう子がいるので「自分の名前の文字の一つから」というゆるい制限をつけました。子どもたちは「やったー」といいながら，わいわいと楽しい絵も添えて，１時間で一人２～５組の絵札と読み札を作りました。

☆まねっこできるよ

子どもたちには，カルタの読み札だから，唱えやすいような言葉を考えるようにといいました。でも，絵本自体が，自然と唱えたくなるようなリズミカルな文体で，「○ちゃん○がつく」の部分はワンパターン。そのまま真似っこできるので簡単でした。しかも，後ろの部分はそれぞれの個性も出せます。そこを自分の好きなものにしたり，ほとんど真似して，最後に「つるつる」のような擬音をつけただけの子もいました。

こうして，時間をかけずに，読みやすく，とりやすいカルタができました。どの作品も楽しく，私がなおす必要もありませんでした。

カルタが出来上がったら，５人グループでそれぞれ自分たちの作

ったカルタをまいて，各班ごとに遊びました。まいているカルタは15枚ぐらいです。

☆子どもたちの作品

・なっちゃん　ながつく　なつみかん　すっぱい（なとりさん）

・あっちゃん　あがつく　あんこもちのーびのび（ありさちゃん）

・かっちゃん　かがつく　カレーライス（かけはしくん）

・わっちゃん　わがつく　わたあめ　たべよう（ふじわらくん）

・はっちゃん　はがつく　はるまき　ぱくぱく（はらくん）

☆絵本がいい

子どもたちは，食べ物ネタというだけで，期待感でいっぱいです。さらに，絵本の色がきれいでどのページの食べ物にも目と口がついていて，手足が出てるのが愉快です。ページ全体にそこはかとないユーモアの漂っているおしゃれな本です。

また，文字がまだ十分に読めない子でも，絵をみれば何の食べ物か一目瞭然なので，文を調子よくくり返して覚えてしまいます。

私が一番好きなページは「えっちゃん　えがつく　えびふらい」ですが，なんと，そこの絵は，衣に包まれたエビフライが，サングラスをかけて読書しているのです。

☆子どもの発想があふれている

この絵本を１年間いろんな形でつかったところ，子どもたちは「あいうえお」を自然に身につけてくれました。しかも，子どもたちも私自身も何回読んでも全然あきないのです。これって，すごいことだと思います。

この絵本はみねようさんの歌詞が先にあって，できたそうですが，もともと，学童保育の放課後遊びで子どもたちが小さい紙に絵本を作ったのが元になっているそうです。全編に子どもたちの発想があふれているから，子どもたちもそういう温度を敏感に感じて親しみを覚えるのだと思います。

（初出No.298，05・8）

『３びきの○○』の授業

佐竹重泰《しげと》　東京・小学校

やはりおもしろい！

阿武はるひ「読み聞かせには，こんな本」（『たのしい授業』95年８月号，No.157）の中で楽しそうな本が紹介されていました。その本とは，ユージーン・トリザビス文／ヘレン・オクセンバリー絵／こだまともこ訳『３びきのかわいいオオカミ』（冨山房，税込1470円）です。

そこでさっそく買って読んでみたら，これがやっぱりとってもおもしろかったので，「これは，きっとクラスの子どもたち（４年生）に読んで聞かせたら喜んでくれるだろうな」と思い，すぐに読み聞かせをしてみようと思ったのでした。

ところで，この本のおもしろさは，イギリスの昔話『３びきのこぶた』（瀬田貞二訳，福音館書店）の話を知っていた方がより増すだろうと思ったので，最初に『３びきのこぶた』の話を読み聞かせてから次に『３びきのかわいいオオカミ』の方を読むことにしました。

え〜，どういうこと？

さて，いよいよ読み聞かせの当日です。黒板に，「３びきの○○シリーズ」と書いてからお話をスタートしました。

最初に読んだ『３びきのこぶた』の方は，僕のクラスの子どもたちはかなり多くの子どもたちが内容を知っていたので，シーンとして聞いてくれました。

そして次は『３びきのかわいいオオカミ』です。タイトルを黒板に書くと，「え〜〜，どういうこと？」なんていう声が聞こえてきます。

この『３びきのかわいいオオカミ』の話は，先に読んだ『３びきのこぶた』の話の逆で，そのタイトルの通り３匹のかわいいオオカミが出てくる話です。そして，悪者として出てくるのが「悪い大豚」なのです。

物語は，かわいいオオカミたちが建てた家を，悪い大豚が次々に壊していくお話で，その壊し方が愉快なのです。そして，授業では「さぁ，この大豚は，今度はどんな風にしてオオカミの家を壊すと思う？」と聞いて，子どもたち２～３人に軽く予想を言ってもらってから次のページをめくりました。

すると，「アハハハハ……」「スゲ～～～」なんて声が教室の中いっぱいに響きわたるのです。

挿絵も本当に「悪い大豚」という感じの絵で，僕は子どもたちに挿絵もチラッと見せながら話を進めていきました。

その後も「この後，大豚はどうすると思う？」と軽く聞きながら次のページをめくるという風にして読み聞かせていきました。そして，最後には意外な結末が待っているのですが……。

子どもたちの評価は？

さて，子どもたちは楽しんでくれたでしょうか？

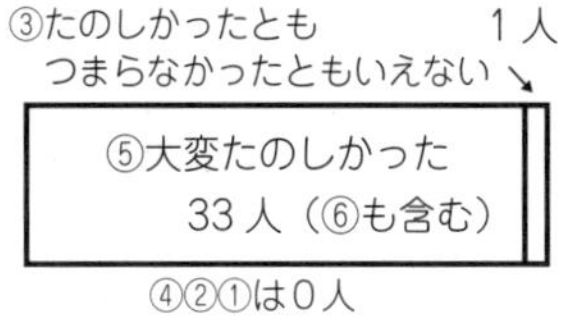

☆３匹シリーズはおもしろかったです。とくに３びきのおおかみがすごくておもしろくて，最初の話とぜんぜんちがっていておもしろかった。（評価⑥　寺川美夏）

☆すごい，すごい，すごいたのしかったな。また読んでほしいな。

（評価⑤　山川三奈）

読んでいる途中で，大豚のすごい行動に「え～～っ」とびっくりしたり，「アハハハハ……」と笑ったりして楽しんでくれた子どもたち。きっとみなさんのクラスの子どもたちも喜んでくれると思いますよ。

僕のおすすめの本の授業がまた一つふえました。本を紹介してくださった阿武はるひさん，ありがとうございました。

（初出No.331, 07·12）

あいさつの言葉って，たのしい！

●抱腹絶倒，「くらしのことば」の授業

平尾二三夫　大阪・小学校

●あいさつの言葉をインプット

小学３年生を受け持っています。

朝，教室に入りながら，「おはよう！」と言うと，みんなは「……？」。放課後，「○○君，さようなら」と言うと，「え？」。

これはいかん。アウトプットがない。「あいさつをしなさい！」と叱るよりも先ず，インプットをしなくては。インプットをしていないのに，アウトプットを求めてはいけない。

そこで，あいさつの言葉のインプットのために４月から学年で話し合い，道徳・総合であいさつの言葉を教えることになりました。

そこで，〈あいさつ〉の授業プランを作成しました。「〈おはようございます〉とは，どういう意味だと思いますか？」の問いに，子どもたちは「えっ？　あいさつに意味なんかあるの？」という表情。

授業は続きます。

「〈おはようございます〉とは，〈あなたは，こんなに朝早くからがんばっているなんて，すばらしい人ですね〉とその人をほめているのです。その気持ちをこめて，朝には〈おはようございます〉とあいさつしてください」といったプランです。

次の朝，「おはよう！」と言って入った教室には，「おはようございます！」の元気な声が返ってきました。う〜ん，ほめてほめられる日本語のすばらしさを実感。

このあとは〈こんにちは〉〈こんばんは〉〈ありがとうございます〉〈さようなら〉〈ごめんなさい〉〈い

ただきます〉〈ごちそうさま〉と続きます。子どもたちは一つ一つのあいさつの意味を知ると「なるほど～」と言い出しました。学校でのくらしの場面で，みんなが元気にあいさつをし始めました。

学年最初の懇談会でも「〈おはようございます〉や〈ありがとう〉の意味を初めて知りました」と大好評でした。

●「くらしのことば」の授業

このあいさつの授業だけでは楽しみが少ない。次は「くらしのことば」の授業です。

これは五味太郎さんの絵本『言葉図鑑⑥くらしのことば』(偕成社)を基にしたもので，中林美貴子さんが『たのしい授業プラン国語１』(仮説社)に授業プランとして発表されたのをマネしました。

五味さんの本には，「くらしの一場面とその場面にあったセリフ(あいさつなど)」が描いてあります。セリフの何文字かを空欄にして，そこに入る文字を考えてもらう，というプランです(例えば，おじぎをしている絵のそばに「□□う□□□ます」と書いてある。答→「おはようございます」)。

この授業で，「病院でお母さんと子どもが，ひげのお医者さんに頭を下げている」という絵が出てきた時のことです。問題は「お□□□□□□す」です。

──さてさて，僕のクラスにご案内いたしましょう。

平尾「（プリントを配ってから）次の絵を見てください」

子どもたちは口々につぶやきます。「お医者さんや……」「病院？」「子ども怒ってるわ……」「お医者さんひげ生えてるな……」

子ども「え～っ？　わからへん」

長い時間がすぎます……。嵐の前の静けさ。

突然，火蓋が切られました。

子どもたち「おねつがあります」「おねつなおします」「おさわがせします」(笑)。

平尾「なるほどー。この子，何かしたのかな？」(しまった。違う方向に行く……)

子ども「おことわりします」(「いたずらしたんや！」笑)。

さー，ここからが大変。もう，誰がいったのかも分からない。

子ども「おいしゃやめます」(爆笑)。(「あきらめたんや」笑)
子ども「おびょうきなおします」。(「長いやん」)
子ども「おひげをそります」(大爆笑)。(「お母さんが言ってるんじゃないの？」)
平尾「この絵だと，お母さんが言った言葉だよね？」
K君「おねがいいたします」(「長いやん」)
平尾「一字多いよ……」
K君「おねがいいたしす！」(笑)

しまった。油を注いだ。子どもたちは指を折って数えだしました。俳句みたいに。

子ども「おしずかにします」(笑)(「あばれてんのや」)
子ども「おあずかりします」(笑)(「なんで？」)
子ども「おかっぱにします！」(爆笑。「なんでおかっぱ？」「男やん！」「ワーッ！」)

収拾がつかなくなってきました。子どもたちは教師を完全に無視して発言しています。

子ども「おつきあいします！」(爆笑。「だれとや！」「お母さんと？」「ワーッ！」)

もう，誰が何と言っても火山の大爆発！　たくさんの噴火口からいくつもいくつも火が……。

子ども「おしっことります！」(大爆笑)(K君「おねがいいたしす」「ワーッ！」)
子ども「おてつだいします！」(「看護婦さん？」。K君「おねがいいたしす」「ワーッ！」)

K君は何回も「おねがいいたしす」を繰り返し続けます。ここで救いのチャイム！

平尾「それでは，これは宿題にします」(K君「おねがいいたしす」「ワーッ！」)

興奮は授業終了のあいさつで一瞬消えたに見えながら，再燃して次の時間まで続きました。

「くらしのことば」の授業はこの後，爆発を続け，大歓迎で進みました。インプットはたのしい。

この正解は……。分かりますよね……。　（おわり）

正解は「おせわになります」。

ココロほぐれる

ことばあそび

（初出No.306，06・3）

出会いの時期に

僕の名前探しクイズ

佐竹重泰
東京・小学校

●出会いの学級通信

みなさんは，担任することになったクラスの子どもたちにむかって，最初の出会いの自己紹介をどんな風にしていますか。

僕は，自己紹介の時間が10分くらいしかとれそうもない場合は，下のような学級通信を配って，「そこに隠れている僕の名前を探す」というクイズをしています。

○年○組学級通信　編集・発行　佐竹重泰

はじめまして!!　佐竹○○○です

はじめまして，今度○年○組の担任になった佐竹重泰です。下に書いたのは，僕の１年間の目標です。

さあ，みんな
たくさんあそんで
けんこうな心と体
しっかり
げんきに
ともだちつくろうね

１年の間には，色々なことがあると思います。楽しいことも，うれしいことも，時には苦しいことも。一人ひとりが思い出をいっぱい作れたらいいな，と思っています。僕なりにできることをこつこつとやっていきたいと思います。

よろしくお願いします。

漢字で書かれた「佐竹重泰」以外に，僕の名前がこのプリントのどこかに隠れているので，それを探すのです。いったい，どこに隠れていると思いますか？

さて,時間がないときはこの「名前探しクイズ」だけをしますが，1時間ほど時間が取れそうな場合には，それ以外に，4ページほどの「学級通信」を配って，それにそって自己紹介をします。

学級通信の内容は，自分の生年月日や，クラスの子どもたち全員の名前,「いまからここから」という文章（小原茂巳さんの「定番学級通信」のNo.1「出会いの通信」からの引用）などです。

＊小原さんの定番学級通信については，小原茂巳「ラクなのにグーな定番学級通信」（『たのしい授業』2002年3月号）をご覧下さい。

●子どもたちはどう思ったか

さて，以前にある学校に転勤したばかりの時にも，第1日目にさっそくやってみました。

その時のことを，クラスの女の子が2年後に「2年間の思い出の作文」の中に書いてくれました。本当は出会いの部分から長い作文を書いてくれているのですが，その中から学級通信に関する部分だけを紹介することにします。

＊

2年間で思い出に残ってることは，クラスがえの後の担任発表です。まずクラスがえをしました。（中略）

それから教室に入って，先生が来て，プリントを配って言いました。

「みんなおはよう～。このクラスを担任する佐竹です。さてさて急に問題です。僕の名前はそのプリントのどこにあるでしょうか」

急に言われたので（なぬっ，名前を見つけるだぁ～。なんだよ～，ちゃんと聞いてればよかったよ～。ぬ～，どこだよ～）と思いました。

その時誰かが手をあげて答え当たりました。他の人は全員わからなかったそうです。これでこの話は終わります。

それで，この2年間がおもしろくなりました。

●苦手な挨拶もたのしく

どうですか？　みなさんは，わかりましたか？（子どもたちには，「わかった人は，口に出さないで，そっと僕の所に教えにきてください」と言ってから始めています）

実は，「僕の１年間の目標」の各行の頭の文字を続けて読むと，僕の名前の「さたけしげと」になっているのです。

（さ）あ，みんな
（た）くさんあそんで
（け）んこうな心と体
（し）っかり
（げ）んきに
（と）もだちつくろうね

これは，「アクロステイック」ということば遊びの手法で，そのやり方は，野村晶子さんが『たのしい授業プラン国語１』（仮説社）の中で紹介してくれています。また，それを，「出会いの学級通信に使う」というアイデアは，小原茂巳さんからうかがいました。

僕はそれを教わって以来，２年生以上の学年を担任するときには，この「名前探しクイズ」のやり方で名前紹介をするようにしています。１年生はまだひらがなが読めない子もいるので，残念ながらできません。

これだと，あいさつがちょっぴり苦手な僕でも，短い時間で楽しくできるのでいいのです。

「名前探しクイズ」，よかったらあなたもやってみませんか？

（初出 No.306，06・3）

学期初めの「うぉー字《うぉーじー》」でみんな笑顔

石井広昭　埼玉・小学校

●「うぉー字《うぉーじー》」でリラックス

学期の初めには，健康診断などで授業が中断したり，中途半端に時間が余ったりしてしまうことがあります。以前は授業が中断したりすると，「予定通りに進められなかった」と自分の都合でイライラしていました。でも今では「楽しみごと」をやる絶好のチャンスだと思っています。

2000年度は１年生の担任でした。２学期は，始業式の翌日から給食も始まり，普段どおりの授業だったのですが，まだ夏休み気分がぬけない子どもも多く，すぐに45分間きっちり授業をするのは難しそうでした。そこで「うぉー字をさがせ」で，気持ちをリラックスできたらいいなと思いました。

１学期にひらがな50音を習い，小さい「ャ，ュ，ョ，ッ」も習ったので，子どもたちの知っている言葉を使っていくつかのパターンを作ってみました。

その後，作ったシートを昭島のサークルに持っていったときに，「間違いが１つだと，すぐに見つかってあっという間に終わっちゃう」「もっと長く楽しめるように工夫するといいかもしれない」とい

「うぉー字をさがせ」とは？

たくさんの同じ言葉のなかから，１つだけ違っているものを捜すという，老眼鏡がいる人にはちょっとつらい遊び。一世を風靡した『ウォーリーをさがせ』（M・ハンドフォード，フレーベル館）のパロディです。大阪の星野好史さんのアイディア。「うぉー！　字をさがせ」というタイトルで『たのしい授業プラン国語２』（仮説社）にプランが掲載されています。

う意見がありました。そこで，「間違いの数を増やして，みんなには間違いの数も当ててもらったらおもしろいのではないか」という予想を立てました。

●間違いを増やしたら

3学期。新年（2001年）になったので，干支を使ったパターンを考えてみました。サークルでの意見を生かし，間違いの数はその時は4つに増やしました。また，子どもたちには，初めに間違いの数を言わないでやってもらいました。

子どもたちは間違いをすべて探し出そうと夢中になっていました。途中であきらめてしまった子どもも，クラスメイトの「まだあったー！」という声につられて再び探し始めました。

クラスのほとんどが探し終わったのを確認し，「全部でいくつあったか確かめてみよう」といって，子どもたちと一緒に答えあわせ。間違えた言葉を見て，見つけられなかった子どもも「なにこの変な言葉」とにっこりしていました。感想を集計したら，31人中27人が⑤（とてもたのしかった）という評価をくれました。

間違いを確認した後，一人の男の子が「先生，〈エビ年〉があるんだから，〈エビ千〉があってもいいよね」と言いました。なるほど，いい考えです。そうだ！子どもと一緒に〈間違いを作る〉のもおもしろいかもしれない。高学年なら十分できると思います。前もって〈ひらがなのばあいは1文字か2文字かえて，全然意味の違う言葉になるようなもの〉〈漢字の場合は，字の形が似ていて，自分たちがよく間違えるもの〉などのヒントを伝えるといいかもしれません。

ただ間違いをつくるだけでなく，特に意味はないけどおもしろい言葉にするのは，少し考えないとできません。意外な子どものセンスが見られるかもしれませんね。

以下の3ページに載せた「うぉー字」は，春にちなんだ新作パターンです（「ヘビ年」は2001年ですが）。担任の3年生と和やかで楽しい一時を過ごせました。皆さんもいくつ間違いがあるか探してみてください。

うぉーじーをさがせ〔ヘビ年版〕

なまえ（　　　　　　　）

なかまはずれを見つけたら，○でかこもう。いくつあるかな。

ヘビ年　ヘビ年　ヘビ年　ヘビ年　ヘビ年　ヘビ年　ヘビ年　ヘビ年　ヘビ年　ヘビ年

ヘビ年　ヘビ年　ヘビ年　ヘビ年　ヘビ年　ヘビ年　ヘビ年　ヘビ年　ヘビ年　ヘビ年

ヘビ年　ヘビ年　ヘビ年　ヘビ年　ヘビ年　ヘビ年　ヘビ年　ヘビ年　ヘビ年　ヘビ年

ヘビ年　ヘビ年　ヘビ年　ヘビ正　ヘビ年　ヘビ年　ヘビ年　ヘビ年　ヘビ年　ヘビ年

ヘビ年　ヘビ年　ヘビ年　ヘビ年　ヘビ年　ヘビ年　ヘビ年　ヘビ年　ヘビ年　ヘビ年

ヘビ年　ヘビ年　ヘビ年　ヘビ年　ヘビ年　ヘビ年　ヘビ年　ヘビ年　ヘビ年　ヘビ年

ヘビ年　ヘビ年　ヘビ年　ヘビ年　ヘビ年　ヘビ年　エビ年　ヘビ年　ヘビ年　ヘビ年

ヘビ年　ヘビ年　ヘビ年　ヘビ年　ヘビ年　ヘビ年　ヘビ年　ヘビ年　ヘビ年　ヘビ年

ヘビ年　ヘビ年　ヘビ年　ヘビ年　ヘビ年　ヘビ年　ヘビ年　ヘビ年　ヘビ年　ヘビ年

ヘビ年　エビ千　ヘビ年　ヘビ年　ヘビ年　ヘビ年　ヘビ年　ヘビ年　ヘビ年　ヘビ年

ヘビ年　ヘビ年　ヘビ年　ヘビ年　ヘビ年　ヘビ年　ヘビ年　ヘビ年　ヘビ年　ヘビ年

ヘビ年　ヘビ年　ヘビ年　ヘビ年　ヘビ年　ヘビ年　ヘビ年　ヘビ年　ヘビ年　ヘビ年

ヘビ年　ヘビ年　ヘビ年　ヘビ年　ヘビ年　ヘど年　ヘビ年　ヘビ年　ヘビ年　ヘビ年

ヘビ年　ヘビ年　ヘビ年　ヘ　年　ヘビ年　ヘビ年　ヘビ年　ヘビ年　ヘビ年　ヘビ年

ヘビ年　ヘビ年　ヘビ年　ヘビ年　ヘビ年　ヘビ年　ヘビ年　ヘビ年　ヘビ年　ヘビ年

ヘビ年　ヘビ年　ヘビ年　ヘビ年　ヘビ年　ヘビ年　ヘビ年　ヘビ年　ヘビ年　ヘビ年

ヘビ年　ヘビ年　ヘビ年　ヘビ年　ヘビ年　ヘビ年　ヘビ年　ヘビ年　ヘビ年　ヘビ年

うぉー字をさがせ 〔さくら版〕

名前（　　　　　　）

春といえば桜，でも……なかまはずれがあるよ。

さくらさく	さくらさく	サクラサク	サクラサク	サクラサク	桜さく	桜さく
さくらさく	さくらさく	サクラサク	サクラサク	サクラサク	桜もち	桜さく
さくらさく	さくらさく	サクラサク	サラダカグ	サクラサク	桜さく	桜さく
さくらさく	さくらさく	サクラサク	サケマタグ	サクラサク	桜さく	桜さく
さくらさく	さくらさく	サクラサク	サクラサク	サクラサク	桜さく	桜さく
さくらさく	さくらさく	サクラサク	サクラサク	サクラエビ	桜さく	桜さく
いくらくれ	さくらさく	ラクダサク	サクラサク	サクラサク	桜さく	桜さく
さくらさく	さくらさく	サクラサク	サクラサク	サクラサク	桜さく	桜さく
さくらさく	さくらさく	サクラサク	サクラサク	サクラサク	桜さく	桜さく
さくらさく	さくらさく	サクラサク	サクラサク	サクラサク	桜さく	桜さく
さくらさく	さくらさく	サクラサク	サクラサク	サクラサク	桜さく	桜さく
さくらさく	まくらだく	サクラサク	サクラサク	サクラサク	桜さく	桜さく
さくらさく	さくらさく	サクラサク	サクラサク	サクラサク	桜さく	桜さく
さくらさく	さくらさく	サクラサク	サクラサク	サクラサク	桜さく	桜さく
さくらさく	さくらさく	サクラサク	サクラサク	サクラサク	桜さく	桜さく
さくらさく	さくらさく	サクラサク	サクラサク	サクラサク	桜さく	桜さく

うぉ一字をさがせ 〔4月版〕

名前（　　　　　　）

4月は英語で「エイプリル」。でも，どこかになかまはずれが……。

エイプリル	エイプリル	エイプリル	エイプリル	エイプリル	エイプリル
エイプリル	エイプリル	エイプリル	エイプリル	エイプリル	エイプリル
エイプリル	エタノール	エイプリル	エイプリル	エイプリル	エイプリル
エイプリル	エイプリル	エイプリル	エイプルレ	エイプリル	エイプリル
エイプリル	エイプリル	エイプリル	エイプリル	ユイマリル	エイプリル
エイプリル	エイプリル	エイプリル	エイプリル	エイプリル	エイプリル
エイプリル	エイプリル	エビフライ	エイプリル	エイプリル	エイプリル
エイプルン	エイプリル	エイプリル	エイプリル	エイプリル	エイプリル
エイプリル	エイプリル	エイプリル	エイプリル	エイプリル	エイプリル
エイプリル	エイスリル	エイプリル	エイプリル	エビグリル	エイプリル
エイプリル	エイプリル	エイリアン	エイプリル	エイプリル	エイプリル
エイプリル	エイプリル	エイプリル	エイプリル	エイプリル	エイプリル
コイプリル	エイプリル	エイプリル	エイプリル	エイプリル	エイプリル
エイプリル	エイプリル	エイプリル	エイプリル	エイプリル	エイプリル
エイプリル	エイプリル	エイプリル	エイプリル	エイプリル	エイプリル
エイプリル	エイプリル	エイプリル	エイプリル	エイプリル	エイプリル

（初出No.337，08・5）

お経をつくろう！

●小学6年生と楽しんだ「詩」と「熟語」の授業

比《ひ》嘉《が》仁子 沖縄・小学校

●〈お経〉にニヤリ！

以前，大阪の横山　稔さんが，阪田寛夫さん（詩人）の〈お経〉という詩を紹介していました（『たのしい授業プラン国語２』仮説社）。こんな詩です。

お経《きょう》
阪田寛夫

電《でん》車《じゃあ》馬《ばあ》車《じゃあ》自《じい》動《どう》車《じゃあ》
人《じん》力《りき》車《しゃあ》力《りき》自《じい》転《てん》車《しゃあ》
交《こう》通《つう》地《じい》獄《ごく》通《つう》勤《きん》者《しゃあ》
受《じゅう》験《けん》地《じい》獄《ごく》中《ちゅう》高《こう》生《せえ》
合《がっ》唱《しょう》練《れん》習《しゅう》土《どう》曜《よう》日《びい》
空《くう》腹《ふく》帰《きい》宅《たく》晩《ばん》御《ごう》飯《はあん》

ごらんのように，実は本物のお経ではないのです。阪田寛夫さんの作った〈詩〉なんです。ぜーんぶ漢字だらけ。もうそれだけでお経っぽいんです。

横山さんの記事は「阪田さんの〈お経〉をお経っぽく音読する」という授業プランなのですが，読んだ瞬間，思わずニヤリ！としてしまいました。そのときは「このプラン，ぜひまねしたい！」と思いながらも，新任研修に追われているうちに，私のノーミソに「お蔵入り」の状態になっていました。

●自分たちの〈お経〉をつくってみよう！

新任研修から３年がたち，少しゆとりも出てきました。しかも，今年〔2005年〕の担当はワクワクの６年生。国語では，「熟語」の単元が出てきます。

そこで，横山さんのプランに少しプラスして，「阪田さんの詩を読んだあとに，自分たちの〈お経〉をつくってみよう！」と考えました。

そう考えるもとになったのが，卯月啓子「（ことばと文字で楽しむ／６年）ザ！お経」（『ことばがひろがるⅠ』東洋館出版社）でした。卯月さんの実践は，やはり阪田さんの〈お経〉を使っていますが，詩を読むだけでなく，「自分の唱える〈お経〉を作ろう」ということで，３時間をあてています。しかもそれは，和語，漢語，外来語，漢字の構成など，10時間にわたる授業の仕上げにあたる部分に位置しています。

名前，書かれている実践も痛快・爽快！で，「ことば」をたのしく駆使した子どもたちの姿がありました。でも，10時間というのは私には荷が重すぎます。「２時間ぐらいで私なりに授業をやってみたい」と思い，やってみることにしました。

●〈お経〉づくり

①〈お経〉づくりへの道（１時間目）

まずは，こんな感じで授業を始めました。

私「今日は〈お経〉を勉強します」

みんな「はぁ～？」

私「ほら，お寺とか，お葬式とかでお坊さんが唱えるものだよ。なんまいだ～，なんまいだ～……みたいな感じのもの。それが〈お経〉」

子どもたちは，「国語の授業で，なんで〈お経〉なんだろ～？」という疑問をもちつつも，興味をもってくれたようです。「なんかおもしろそう！」という声も聞こえてきました。

私「じゃ，みんなに〈お経〉を教えますね」

（阪田さんの詩が書いてあるプリントを配る）

プリントを配られた子たちは口々に，「え～！　いったいどう読めばいいの？」と，叫んでいます。

私「〈なんまいだ～，なんまいだ～〉って，お経の雰囲気で読むから，〈でんじゃあ～，ばあじゃあ～，じいどうじゃあ～〉かな」

それぞれが，まねして口ずさんでから，

私「じゃあ，みんなで唱えてみよう！　いっせ～のー！」

……というわけで，３回唱える頃には，この音読にもなれてきました。隣の先生も，「６年生が元気よく音読なんて？　な，なに？　お経か？？」と教室をのぞき込んでいました。でも，32人の６年生たちはニコニコ顔。元気よく読みました。

この詩のおもしろさの特徴は，「熟語」だらけでお経っぽいということです。熟語は「漢字２つ以上の単語」または「２字以上の漢字が結合して１語となった語」です。音読の次は熟語を，新聞や教科書から探してノートに書きうつすことにしました。

②〈お経〉づくりへの道（２時間目）

さて，いよいよ２時間目，お経をつくる時間がやってきました。卯月さんの授業実践を見ると，お経を考えたあとにルビも工夫してつけたり（１時間），発表会を開いたり（２時間），作品を冊子にまとめたりと，かなり細かくやっており，私のやり方がなんだか少し恥ずかしい感じがします。

卯月さんのねらいは，詩の学習と組み合わせて，〈漢字〉の学習を楽しく行いたい，ということ。しかし，私のねらいは「熟語を知ること」「熟語をつなげて楽しい〈お経〉をつくってもらえたらいいな」ということです。

だからまず，阪田さんの詩を読んで，この詩は「熟語の並び方に〈約束ごと〉があること」を子どもたちに知らせました。

例えば，読み方。「でんじゃあ，ばあじゃあ，じいどうじゃあ」は，みんな，〈じゃあ〉で終わります。「じゅけん，じごく，ちゅうこうせえ」は，「中高生の悲しい生活」をテーマにしている，など。同じ読みやテーマなどの〈約束ごと〉を自分で決めてから熟語を選べば，題名も決めやすく，熟語を組み合わせやすいでしょう。

それでも，実際に作ってもらう段階になると，やはり，悪戦苦闘しました。〈熟語だけでつなげる〉ことの難しさを感じたようです。私もアドバイスに苦しみました。

でも，やはり〈何をテーマにしてお経をつくるか〉が大切です。漢字辞典を開くと，ズラリと熟語が並んでいます。だから，テーマを決めてから，それに沿って熟語をつなげていくと……いろんなお経ができるのです。

子どもたちの作品をどうぞ！

お経　大城真理乃

食卓食堂食中毒
食費食品食肉
籠球練習大応援
月々月謝五百円
自転車通勤会社員
月々月給百万円

中年親父　比嘉彰彦

会社通勤中年親父
時間十時遅刻
課長激怒説教開始
説教終了十時半
帰宅時間十一時
一日終了中年親父

大騒動　小橋川真未

火事火災噴火
大変住民一大事
全国全員避難
前代未聞出来事

ぼくの毎日　野原充由

学校出勤五日間
休日二日間
休日五時間勉強
平日家庭教師
沖尚目指猛勉強
〔比嘉注：沖尚とは、沖縄尚学高等学校の略です〕

沖縄県のお経

米城千尋

南風原《はえばる》西原《にしはら》東風平《こちんだ》町《ちょう》
与那原《よなばる》勝連《かつれん》与那城《よなしろ》町《ちょう》
本部《もとぶ》金武《きん》北谷《ちゃたん》町《ちょう》
嘉手納《かでな》町《ちょう》沖縄市
石川《いしかわ》具志川《ぐしかわ》浦添《うらそえ》市
那覇《なは》名護《なご》糸満《いとまん》市
今帰仁《なきじん》恩納《おんな》知念《ちねん》村《そん》
大里《おおざと》具志頭《ぐしがみ》豊見城《とみぐすく》村《そん》
北中城《きたなかぐすく》国頭《くにがみ》村《そん》
読谷《よみたん》大宜味《おおぎみ》中城《なかぐすく》村《そん》
宜野湾《ぎのわん》市佐敷《さしき》町《ちょう》玉城《たまぐすく》村《そん》
最後　宜野座《ぎのざ》村《そん》

天気

宮城けい太

快晴好晴日本晴
大雨豪雨暴風雨
大雪豪雪万年雪
大風強風扇風機
白雲黒雲積乱雲
朝霧夕霧夜霧

出川哲朗

川上隼人

出川哲朗芸能人
念願実現御結婚
奥様美人勿体無
帰宅速攻手料理
毎日番組出演者
浮気発覚即離婚

オバタリアン

長嶺昇平

早朝長蛇特売日
安売特売大混雑
夕方帰宅中年女
突然電話受話器
俺俺詐欺金百万
銀行振込大至急
詐欺忠告銀行員
連絡電話長男坊
安心無事故長男坊
帰宅時刻八時半
貧乏食卓中年女
就寝時刻一時半
翌朝腰痛中年女

●なかなかの力作揃いでみんな大笑い

みんな，悪戦苦闘したものの，一生懸命考えてくれた〈オリジナルお経〉。少々熟語じゃないところもありますが，よしとしました。

精一杯考えながら辞書を眺めて，「こんなもんも，熟語でいいのかな～」とか「いろんな熟語があるんだな～」とか，声を上げながらたのしんでくれました。

「発表するよ」というと，照れくさそうにしていたので，みんなのつくった〈お経〉を私の方で集めて読み上げました。なかなかの力作揃いでみんな大笑い。

残念ながら，この学習の感想文をとっていません。でも，授業中の子どもたちの顔は，「たのしんで学習している！」という雰囲気でした。自分の作品を，「先生，見て！」と話してくれたり，友だちの作品を読んで，「先生，こいつのおもしろい！」と紹介してくれたり……。和やかなムードで，「お経で熟語の学習」は幕を閉じました。

これからまた，私自身がもう少し勉強をして，「ことばの世界を子どもたちに，たのしんで伝えられるようにしたい」と思いました。

（初出 No.320，07・3）

かんたん？　ことばさがし

●ひらがな編＆四字熟語編

伊藤善朗　愛知・小学校

●ひらがなの楽ちんプラン

初出は『たのしい授業』No.6 の「はみだしたの」（欄外記事）に掲載された長坂正博さんの記事（「ん」のつく言葉遊び）です。これをプラン化したものを，自分のガリ本に掲載したのですが，その後はなんとなく世の中から忘れられていたようです。でも，自分としては小・中学校のどの学年でも毎年実施し，脳細胞を適度に刺激しつつ笑いも取れる「楽ちんプラン」として愛用してきました。それを今回，ご紹介したいと思います。

私が手がける他の「ことばあそび」がそうであるように，このプランも「遠足のバスの中で，ガイドさんがやってくれるゲーム」みたいな内容です。これを大上段に「国語教育」なんて呼ぶ気は毛頭なく，時間つぶしのお手軽ネタという扱いで十分です。あなたもよかったら楽しんでみてください。授業は各ページを別々に印刷し，それを１枚ずつ配りながら進めます。低学年では全部ひらがなに直すか，漢字に読みがなをふってあげてください。

＊なお，「ちんちん」を代表としたシモネタが出始めると，お調子者が一気にその路線で突っ走ることがあります。これは想定内の出来事ですし，それはそれで楽しいので，どうか大目に見てやってくださいね。

かんたん？　ことばさがし

あなたは「しりとり遊び」を知っていますか？　先生にルールを教えてもらい，みんなでやってみましょう。

しりとり遊びは，最後に「ん」がつくことばを言うと負けてしまいます。でも，最後に「ん」のつく言葉はけっこうたくさんあります。あなたも探して下に書き，みんなで発表しましょう。

友だちの考えで，気にいったものを下に書いておきましょう。

－１－

〔問題１〕

下の○にひらがなを入れたら，どんなことばができるでしょう。たとえば，「そんなの (か)ん(た)ん ！」という調子です。○の中にはひらがなを一つだけ入れます。また，みんなにちゃんと意味がわかることばでなければいけません。たくさん探して下に書きましょう。書けたらみんなで発表しましょう。

○ん○ん

○ん○ん

友だちの考えで気にいった作品

○ん○ん

－２－

〔問題２〕

今度は「ん」が三つです。これもたくさん探して，みんなで発表しましょう。

○ん○ん○ん

○ん○ん○ん

友だちの考えで気にいった作品

○ん○ん○ん

－３－

〔問題３〕

今度は「ん」が四つです。がんばって見つけてください。

○ん○ん○ん○ん

○ん○ん○ん○ん

友だちの考えで気にいった作品

○ん○ん○ん○ん

－４－

〔問題４〕

最後は「ん」が五つです。もうこうなったら「なんでもあり！」の気分で挑戦してみましょう。

○ん○ん○ん○ん○ん

○ん○ん○ん○ん○ん

友だちの考えで気にいった作品

○ん○ん○ん○ん○ん

－５－

「かんたん？　ことばさがし」はこれでおしまいです。この勉強はどうでしたか？　ア～オから一つ選んで○をつけましょう。

ア．とてもたのしかった

イ．たのしかった

ウ．どちらともいえない

エ．つまらなかった

オ．とてもつまらなかった

この勉強をして思ったことを下に書きましょう。

年　　組　　氏名

－ 6 －

●回答例●

[問題１]…「あんぱん」「にんじん」「新聞」「宣伝」「さんざん」

[問題２]…「あんぱんまん」「ワンタンメン」「新幹線」「三万円」

[問題３]…「ちんぷんかんぷん」「安全運転」「天丼千円」「三千万円」「キンコンカンコン」

[問題４]…「天津飯千円」「ワンタンメン三円」「新婚さん妊娠」等々

＊多少怪しげなものも笑って許してやりましょう。

●ことばさがし四字熟語編

前述の「ひらがな編」と同じく，これも初出は長坂さんによる「はみだしたの」記事からです。ひらがなの「○ん○ん」が，小学校低学年から大人まで年齢に関係なく楽しめるのに対して，こちらの「四字熟語編」は小学校高学年以上が対象となります。特に，〈国語の教科書で四字熟語を扱う前に実施すると，子どもたちの四字熟語に対する関心が非常に高まって効果的だ〉という報告もありました。

私の場合だと，プリントを用意せずに，黒板だけを使って「○ん○ん」と「四字熟語編」を続けて授業してしまうことも多いです。その場合は両方を1時間で済ませてしまうことも可能です。プリントをきちんと印刷して配布しながら実施すれば，それぞれが独立した1時間のプランとして成立します。

授業ではまず問題を提示し，しばらく考える時間を与えた後に，必ずヒントを出します（79ぺにヒントの一例があります。参考にしてください）。それによって「ああ！」と思いつく子もかなりいます。そして，「では，わかった子は声をそろえて言ってみましょう。せ〜の！」といった感じで，生徒に答えを言ってもらいます。

この授業はすでに知識があることを重視するものではありません。大切なのは，その後の四字熟語についての解説です。この部分を子どもたちはとても喜びます。最後に感想を書いてもらうのですが，言葉についての新しい知識を得たことのうれしさを素直に伝えてくれるものが多いことに驚きます。中学生だと「受験に役立ちそう！」などというものも出ます。このプランも各ページを別々に印刷し，それを1枚ずつ配りながら進めます。

ことばさがし　四字熟語編

漢字四文字で出来ている言葉を「四字熟語」と言います。たとえば，「以心伝心（いしんでんしん）……口に出して言わなくても相手に思いが伝わること」「絶体絶命（ぜったいぜつめい）……追い詰められてどうしようもなくなること」などといった言葉です。このほかに，あなたが知っている四字熟語があったら，下の□に書いてみましょう。漢字がわからないときはひらがなでもかまいません。書けたらみんなで発表してみましょう。

ところで，四字熟語には数字を使ったものがたくさんあります。下の○に漢字一文字を入れて，四字熟語を完成させてみましょう。漢字がわからないときは代わりにひらがなを書いてもかまいません。わかった人は，声を出して答えを言わないように気をつけましょう。わからない人は先生にヒントを教えてもらいましょう。

〔問題１〕

一○二○

ヒント……

正解は「一石二鳥（いっせきにちょう）」です。下に書きましょう。

一〇二〇

「一石二鳥」は，〈空に向かって一つの石を投げたら，二羽の鳥に当たって落ちてきた〉という話から，「なにか一つのことをするだけで，いっぺんに二つの目標を達成してしまう」という意味になりました。

〔問題２〕

だんだん数字が大きくなります。今度の問題には正解が二つあります。

二〇三〇

二〇三〇

ヒント①……

ヒント②……

－2－

正解は「二人三脚（ににんさんきゃく）」と「二束三文（にそくさんもん）」です。下に書きましょう。

二○三○

二○三○

「二人三脚」は，二人が肩を組んで隣り合わせた足を縛ったまま走る運動会の競技として知られています。二人の人間が三本脚でがんばる様子から，「二人が力を合わせて物事を成し遂げていくこと」という意味になりました。

「二束三文」は，昔の履物だった「わらじ」がとても安い値段で，二束（ふたたば）で売っても三文という安いお金にしかならないことから，「たくさんの品物なのに，すごく安い値段しかつかない」という意味になりました。

〔問題３〕

三○四○

ヒント……

－3－

正解は「三寒四温（さんかんしおん）」です。下に書きましょう。

三○四○

「三寒四温」は，春が近づいてくると，三日寒い日が続いてもあとの四日は暖かく，だんだん寒さが和らいでいく……という様子を表しています。このことから，「冬から春へ季節が移り変わる様子」を意味する言葉になりました。

〔問題４〕

四◯五◯

四◯五◯

ヒント①……

ヒント②……

－４－

正解は「四捨五入（ししゃごにゅう）」「四分五裂（しぶんごれつ）」です。下に書きましょう。

四◯五◯

四◯五◯

「四捨五入（ししゃごにゅう）」は，「数の一番下の桁の数字が，４以下だったら切り捨てて０にするし，５以上だったら切り上げて10にする」という，算数や数学の考え方のことです。

「四分五裂（しぶんごれつ）」は，「もともとは一つにまとまっていたものが，ばらばらになってしまうこと」という意味です。

このほかにも，「四書五経（ししょごきょう）……儒学という学問の基本となる『論語』などの四つの書と，『春秋』などの五つの経のこと」というのがありました。

〔問題５〕

五○六○

ヒント……

－5－

正解は「五臓六腑（ごぞうろっぷ）」です。下に書きましょう。

五○六○

「五臓六腑（ごぞうろっぷ）」とは，中国式の医学の考え方（漢方）における「人の内臓」のことです。五臓というのは「心臓・肝臓・脾臓・肺臓・腎臓」，六腑というのは「大腸・小腸・胆嚢・胃・三焦（さんしょう）・膀胱」という消化器官系を表します。使い方の例としては，酒好きの人が酒を飲んだときに「ああ，五臓六腑にしみわたる！」というような言い方をします。

〔問題６〕

六◯七◯

ヒント……

－6－

　実は，この数字の組み合わせの四字熟語は見つかりませんでした。仕方がないから「六月七日」とか「六泊七日」とか，自分で勝手に考えて下に書いておきましょう。もちろん，もっと素敵なオリジナルの四字熟語を考えることができたら，ぜひみんなに教えてあげてください。

六◯七◯

　なお，「六」が最初に来る四字熟語としては「六根清浄（ろっこんしょうじょう）……人間のいろいろな感覚を断ち切り，身も心も清らかにすること」というのがあります。

〔問題７〕

七◯八◯

七◯八◯

七○八○

ヒント①……

ヒント②……

ヒント③……

－7－

正解は「七転八起（しちてんはっき）」「七転八倒（しちてんばっとう）」「七難八苦（しちなんはっく）」の三つです。下に書きましょう。

七○八○

七○八○

七○八○

「七転八起」は「ななころびやおき」とも読み，「何度失敗してもくじけずに立ち上がり，がんばる様子」のことです。

「七転八倒」は，「苦しさのあまり，あちこち転げ回ってもがき苦しむ様子」のことです。

「七難八苦」は，「さまざまな困難や苦しみ」のことです。

〔問題8〕

八○九○

九〇十〇

－8－

残念ながら，この二つの数字の組み合わせの四字熟語も見つけることができませんでした。

なお，「八」が最初につく四字熟語には「八方美人（はっぽうびじん）……誰からも良く思われたくて，どんな人とも要領よく付き合う人のこと」などがあります。

また，「九」が最初につく四字熟語には「九死一生（きゅうしいっしょう）……ほとんど助かる見込みがない危険な状態から，奇跡的に戻ってきて無事なこと」などがあります。

この他にも数字が使われている四字熟語はとてもたくさんあります。知っているものがあれば，下に書いて発表し合いましょう。また，自分が調べたり，先生にも教えてもらったりして，気に入ったものがあれば，それも下に書いておきましょう。

－9－

「ことばさがし四字熟語編」の勉強は……

ア．とてもたのしかった

イ．たのしかった

ウ．どちらともいえない

エ．つまらなかった

オ．とてもつまらなかった

この勉強をして思ったことを下に書きましょう。

年　　組　　氏名

●ヒントの一例●

〔問題１〕一石二鳥…ラッキー！　〔問題２〕二人三脚…運動会，二束三文…すごく安い　〔問題３〕三寒四温…春が近い　〔問題４〕四捨五入…算数，四分五裂…ばらばら　〔問題５〕五臓六腑…内臓　〔問題６〕ヤケクソ　〔問題７〕七転八起…へこたれない，七転八倒…苦しい！，七難八苦…かんべんして　〔問題８〕なし

学級で楽しむ

なぞなぞ集

小川　洋　東京・小学校

子どもたちはみんな〈なぞなぞ〉が大好きです。それで僕は，面白いなぞなぞに出会うとメモをしておきます。ここに一部をご紹介します。ちょっと時間が空いた時などに遊んでみてはいかがですか？

＊問題の答えは文末です。

Q1．ごはんを食べるときだっこしているものは，なあに？

Q2．サイはサイでも，夜ふとんにやってくるサイは？

Q3．いまなんじ？

Q4．にいさんはいくつ？

Q5．みんなにふみつけられるペットは？

Q6．ジュースは液体。では，ケーキは？

Q7．牛乳は液体。では，アイスクリームは？

Q8．菓子は菓子でも，とっても古い菓子はなあに？

Q9．かけたり割ったりするものなのに，算数には関係ないものはなあに？　ヒント：だいどころにあるものです。

Q10．キャンデーがけんかをするときはなんと言って怒る？

Q11．どの家にもあるのに，どれも形のちがうものは？

Q12．しめることはできるのに，あけることができないものは？

Q13．あけることはあっても，しめることはないものは？

Q14．レストランで誰でもみんな喜ぶ料理は？

Q15．子どもしか開けられないドアはなあに？

Q16．おじいちゃんといっしょにするスポーツは，なあに？

Q17．犬は犬でもあわだらけの犬はなあに？

Q18．持つとみんな急におしゃべりになるものは？

Q19．よんでもよんでも返事をしないものは？

Q20．お寺のお坊さんがガケから落ちた。なのに平気でした。なぜ？

Q21．いつも寒そうに体をふる

わせている犬はどんな犬？

Q22. いくらかいても自分ではわからないものは？

Q23. 値段がついているのに買えないものはなに？

Q24. 足にいる象はどんな象？

Q25. 勉強の得意なカエルは何ガエル？

Q26. 台所にいるカエルは？

Q27. １才のガマガエルが８匹。２才のヒキガエルが３匹。合わせて何歳？

Q28. 赤い着物を着て，いつも紙ばかり食べているものは？

Q29. 右手では持てないものはなあに？

Q30. 氷が溶けると水になる。では雪が溶けると？

Q31. せきはせきでも，出ないせきは？

Q32. 腐った魚はいくらで売られている？

Q33. いつも戸のかげに隠れている生き物は？

Q34. 足がなくてもはけるものは？

Q35. 店を出しているのに，何も売っていない商売は？

Q36. 池のそばを男の子と女の子が歩いています。水の中に落ちたのはどっち？

Q37. 池のそばをおじいさんとおばあさんが歩いています。水の中に落ちたのはどっち？

Q38. 目にさしても，けがをしないものはなあに？

Q39. 山があっても土がなく川があっても水がないものは？

Q40. 自分だけに見えて人には見せられないものは？

Q41. 上から読んでも下から読んでも同じ名前の鳥は何かな？

Q42. 毎週クセで買ってしまう本は？

Q43. お酒ばかり飲んでいるネズミは？

Q44. 何かやってもすぐにいやになってしまう人ばかりいる県は？

Q45. 山があるのに「山はない」と言い張る県は？

Q46. いつも勝負を争ってばかりいる県は？

Q47. トラを売っている人は？

Q48. たくさんあっても，ひとつも無いくだものは？

Q49．食べる前は一本。食べるときは二本。これなあに？

Q50．遠くにあるのに，近くにあるという名のお店はなあに？

Q51．歯をみがかない野菜はどんな野菜？

Q52．犬にかみつかれるのはどんな子ども？

Q53．遊びにきた坊やはどんな坊や？

Q54．牛とにわとりに食事をあげようとしたら，おなかがいっぱいだとことわられた。なんと言ってことわられたでしょう？

Q55．楽器でもないのにふくものとひくものがあるのは？

Q56．古ければ古いほど若いものはなあに？

Q57．オスが食べるとすぐ死んでしまうおそろしい食べ物は？

Q58．いつも誰かを好きになる魚はなあに？

Q59．歯が十本生えている鳥はなあに？

Q60．いつも子どもを連れて，ぶらぶら散歩しているヘビってなーんだ？

Q61．豚と馬が早食い競争をした。どちらが勝ったでしょう？

Q62．メダカより小さくてクジラより大きい生き物は？

答え

1.板（いただきます） 2.おやすみなサイ　3.２字（「いま」はひらがな２字） 4.むっつ（２×３＝６） 5.カーペット 6.たべたい　7.なめたい または 冷たい　8.むかし　9.せともの，ちゃわん，皿など　10.なめんなよ　11.カギ　12.ネクタイ　13.夜　14.ステーキ　15.自動ドア（児童ドア）　16.ソフトボール（祖父とボール）　17.セッケン　18.シャベル　19.本　20.ケガない（毛がない）　21.ブルドッグ　22.いびき　23.お金　24.ひざこぞう　25.かんガエル　26.電気ガマ　27.うるさい　28.ポスト　29.右手　30.春になる　31.欠席　32.９円（くえん）　33.トカゲ　34.ほうき　35.占い　36.男の子（ボッチャン！）　37.おばあさん（バッチャーン）　38.目薬　39.地図　40.夢　41.キツツキ　42.週刊誌（習慣誌）　43.アルチュウ　44.秋田県　45.山梨県　46.ジャンケン　47.ウルトラマン　48.なし　49.わりばし　50.そば屋　51.はくさい　52.ワンパクな子　53.あそぼうや　54.モウ，ケッコウ　55.かぜ　56.写真　57.おすし　58.コイ　59.ハト　60.コブラ　61.馬勝った（うまかった）　62.イルカ（そんな生き物いるか！）

（初出No.331, 07·12）

なぜか人気のあった　外来語当て字クイズ

福田茂夫　大阪・小学校

○暇つぶしのつもりが……

『たのしい授業プラン国語２』（仮説社）に宮内浩二（千葉）さんが，「準備のいらない１時間ものプラン集」という題で，いろいろなプランを紹介されています。

その中の一つに「外来語あて字特集」があります。これは「〈あて字〉の読み方をみんなでワイワイやりながら考えよう」というものです。『プラン国語２』には問題例として，外来語・人名・国名・地名合わせて140の当て字が載っています。

今年（2007年）の２月に５年生の教科書が終わりました。これといってやりたいこともなかったので，時間つぶしのつもりでこのクイズを実施しました。すると２回戦ほどで終わりにするつもりが，子どもたちがあまりにリクエストするので，とうとう４回戦もしてしまいました。

やり方は，私はまず当て字の中から「歌留多《カルタ》」と「短艇《ボート》」を選んで，〈当て字には「歌留多」のように漢字をそのまま読めばわかるものと，「短艇」のように意味を考えてわかるもの〉の二つがあることを示しました。

次にプラン集に載っていた当て字の中から次の26個を選んで，男子VS女子で勝負をすることにしました。

みなさんは読めますか？

①珈琲②麦酒③火酒④肉汁⑤卓子⑥刷毛⑦背広⑧硝子⑨煙草⑩切支丹⑪氷菓子⑫倶楽部⑬基督⑭成吉思汗⑮英吉利⑯仏蘭西⑰独逸⑱伊太利⑲和蘭

⑳露西亜㉑印度㉒亜米利加㉓亜細亜㉔欧羅巴㉕羅府㉖巴里

得点は宮内さん方式で「当たれば2点，外れはマイナス2点，パスはマイナス1点」としました。

○もっとクイズしたい！

2回戦が終わったところで，子どもたちから「難しくてもいいからもっとしよう」と催促されました。2回戦までは何とか私でも読めそうなものだったのですが，これ以上となると読めないような当て字ばかり。

「もうホンマに読まれへんで」と言ったのですが，「先生がヒント出せばいいやん」という生徒たちの声に負けて，続けてやってしまいました。そのとき選んだのが次の当て字です。

❶風琴❷洋琴❸提琴❹把手

❺比律賓❻利比亜❼玖馬

❽巴拿馬❾亜爾然丁❿加拿佗

⓫哥倫比亜⓬市我哥

さすがに難しいかなと思ったので，国名のときは，それがヨーロッパにあるとか，アジアにあるとか，南米にあるとか，何文字の国とか，伸ばす音が入っているなどのヒントを与えました。

別にこのクイズで勝ったからといって，商品があるわけでもなかったのに，何がそんなに子どもたちのやる気を起こしたのか，さっぱりわかりません。

でも，去年の子どもたちはなかなか〈手ごわかった〉ことを考えれば，子どもたちから「もっとやろうよ」という意思表示をもらったのだから，素直に喜べるできごとでした。

〔外来語当て字の答え〕

①コーヒー②ビール③ウィスキー④スープ⑤テーブル⑥ブラシ⑦セビロ⑧ガラス⑨タバコ⑩キリシタン⑪アイスクリーム⑫クラブ⑬キリスト⑭ジンギスカン⑮イギリス⑯フランス⑰ドイツ⑱イタリア⑲オランダ⑳ロシア㉑インド㉒アメリカ㉓アジア㉔ヨーロッパ㉕ロサンゼルス㉖パリ

❶オルガン❷ピアノ❸バイオリン❹ハンドル❺フィリピン❻リビア❼キューバ❽パナマ❾アルゼンチン❿カナダ⓫コロンビア⓬シカゴ

（初出No.331，07・12）

小さな詩人たちのなぞなぞ

●昔も今も，子どもたちはなぞなぞが好きですね～

島　百合子　富山・小学校

２学期の終わりのあわただしさをよいことに，「なぞなぞ詩」の授業をしてみました。この時期って何をしてもまわりがうるさくない感じでいいですね。チャップリンの映画を見たり，ものづくりをまとめてやったりして，とても楽しかったです。

子どもたちはなぞなぞが大好きです。詩とか作文とか言うといや～な顔をするくせに，なぞなぞというと，とてものってきます。この授業も大好評でした。

（このプランは，鈴木清隆『ことば遊び五十の授業』太郎次郎社，にのっていたものです）

１限目　一行なぞなぞ

「畑のなかのよっぱらい」これ何のことか分かりますか？　答えは人参です。〈一行なぞなぞ〉はこの「～～のなかの～～」というパターンを使います。授業ではできた人から読み上げ，みんなで考えながら進めていきました。友達のなるほどと思わせるようななぞなぞは創作意欲をそそるようです。１時間で多い子は８つ，少ない子でも２つは考えていました。

次の答えは何だと思いますか？思わず笑ってしまうものもいくつもありました。（答えは87ぺ）

◇中西さん
①数字のなかのゆきだるま

◇黒崎くん
②宇宙のなかの掃除機

◇古城くんの酔っぱらいシリーズ
③ごはんのなかの酔っぱらい

④うみのなかの酔っぱらい
⑤ロッカーのなかの酔っぱらい

◇黒川くん
⑥地球のなかの大しょんべん

◇菅谷さん
⑦海のなかのうさぎ

2限目　三行なぞなぞ

次の時間は〈三行なぞなぞ〉をやりました。今度は，「～はもっていない。～はもっている。～はもっていない」というパターンを使います。たとえば「キリスト様はもっていない。ナポレオンはもっている。女はだれももっていない」。

……これ何だか分かりますか？

クラスでは気の早い男の子が「おちんちん！」と叫び，キリストになかったっけ？とみんなで大笑いしました。お酒の名前じゃないの？とだれかが言うと，「〈福娘〉というお酒あるよ～」とだれかが言い返しました（よく知っているなぁ）。このなぞときだけでもけっこうおもしろかったです。答えは「妻」でした。

そのうち，「～はもっている。というパターンを変えてもいい？」という子が4～5人あらわれてきました。う～ん，なかなかたのもしいじゃない。

◇餅田さん
⑧先生はもっていない。
　私はもっている。
　友達はもっていない。

◇土田さん
⑨幼稚園児はもっていない。
　小学生はもっている。
　中学生はもっていない。

◇宮腰さん
⑩さかなはもっていない。
　人間や動物はもっている。
　おじぞうさまはもっていない。

◇西野さん
⑪私はもっていない。
　えらい人はもっている。
　みんなはもっていない。

◇片岡くん
⑫ぼくはとれない。
しんすけはとれる。
さか坊はあまりとれない。

3限目　連行なぞなぞ

3時間目はいよいよ「なぞなぞ詩」に挑戦です。最初から詩を作ろうとすると大変なので，まず答えを考えます。そしてその答えから想像することをメモします。それをつないで詩らしくしました。

なかなか出来ない子には，前の一行なぞなぞや三行なぞなぞを入れてもいいよと言いました。朗読してみると詩っぽくて（？!）ステキな作品がたくさんできました。

作品を清書して廊下にはっておくと，立ち止まって考える子がいたりしてほほえましかったです。

◇森永泰之
⑬ここへくると
どんな人もがっかりする
えらい人も
わるい人も
がっかりする
ぼくはいったことがない

◇西野弘一
⑭授業中かくとおこられる。
夜かくと誰もおこらない。
ぼくはさっぱりわからない。

◇帯刀真美子
⑮わたしはいつも
　　　　こちょがされる。
きれいにこちょがされる。
ふつうにこちょがされる。
きたなくこちょがされる。
わたしはたくさん
　　　　こちょがされて
まっくろです。
（こちょがされる＝くすぐられる）

〔答え〕①8　②ブラックホール　③梅干し　④たこ　⑤ランドセル　⑥海　⑦とび魚　⑧私の名前　⑨ランドセル　⑩毛　⑪リクルート株　⑫百点　⑬あの世　⑭あくび　⑮ノート

●私，昔から好きでした

上の原稿を書いたのは，じつは

18年前のことです。

　でも，いま読んでみると，つい昨日のことのような気がします。言っていることも，今の自分が言ったとしても，なんら不思議はない内容なので笑ってしまいます。これは進歩がないということなのか，はたまた新鮮な心意気を忘れていないということなのか……いい風に後者に解釈しておくことにしましょう。

（唯一，政界をゆるがした「⑪リクルート株」なんて，今ではおとなでも何のことかわからないかもしれませんね）

　私は「なぞなぞ」を出すのは好きです。それは，人とのコミュニケーションに一役買ってくれるからです。道具も何もいりません。口さえあればＯＫです。特に子どもたちと仲良くなるには有効な気がします。たとえば，算数のＴＴをしていたとき，いろいろなクラスに補欠授業に入ることが多かったのですが，「なぞなぞ」を最初に出すと，グッと親密な感じになります。「島先生，また来てね～！」と歓迎されたりします。

　新しい学校に異動になったときも，新任のあいさつは「なぞなぞ」と実験でスタートしました。「なぞなぞの答えが分かったら声をかけてね」と言っておいたら，全校のたくさんの子どもたちが声をかけてくれ，嬉しかったです。

　子どもから「テストって何のためにするの？」とか，「なんで学校に来なくちゃならないの？」「何のために生きるの？」なんていう「哲学的なぞなぞ」（？）を出されることもあります。私はない知恵をしぼって，そのときの自分が答えられる精一杯の答えを出します。若いときと今とでは，少し答えの違っている「なぞなぞ」もあります。人生って日々「なぞなぞ」の連続で，答えが分かるときもあれば，分からないときもあるけど，やっぱり考えることを楽しんでいけたらいいなと思っています。

（初出No.168，96・5）

ことばあそびのたのしみ

●にほんごのリズムをたのしみませんか

岸本篤子　滋賀・おはなしのおばちゃん

おはなしのおばちゃんをやってます

４年近く前から，わたしは，子どもたちにお話を語り聞かせる「おはなしのおばちゃん」をやっています。昔話や，子どもむけに書かれた物語をおぼえこみ，本も絵も使わずに子どもたちと向き合って，ことばだけで語り聞かせる，というものです。（「ストーリーテリング」と呼ばれることもあります）

〈大津おはなしのとびら〉というグループ（1996年現在，実働メンバー９名ほど）で定期的に行っている〈おはなし会〉が，市立図書館，学童保育所，文庫でそれぞれ月１回，ほかに幼稚園・保育園・児童館・公民館などから依頼があると，２〜４名くらいで出かけていって〈おはなし会〉をやります。小学校からも一度よんでもらって，３年生の子どもたちに授業時間１時間分を使って聞いてもらいました。ときには，同好の士がお互いに聞きあう，大人のおはなし会なんていうのを開くこともあります。

グループとしてのしごとのほかに，わたし自身の個人的なしごとも持っています。現在わたしの「おはなし」を聞いてくれる常連のお客さんは，娘が昨春まで通っていた愛光幼稚園の年長組・年中組・年少組（それぞれ月１回），併設の２歳児クラス（こちらはあまり「おはなし」らしい「おはなし」はできませんが……）でも月１回，それから，近所の個人のお宅で開かれている「じゃりんこ文庫」に集まる子どもたちに週１回。

これらをあわせると，だいたい１ヵ月に平均10回くらいは，ひとまえでおはなしを語っていることになります。語るためには，〈いいお話をさがして，えらんで，おぼえる〉という準備が必要なので，けっこう忙しいのです。

——いまこれを書きながら思い出しましたが，わたしが初めてひとまえでおはなしを語ったのは，もう20年まえになります。堀江晴美さんのクラス（小１）を訪問したときの「３びきのやぎのがらがらどん」（北欧民話）でした。

さて，「おはなしを聞く」というのは，たいへんな集中力を必要とし，大人でもけっこう疲れるものです。そこで，30分なり40分なりの〈おはなし会〉を行うときには，おはなしのあいまに，ちょっと体をうごかしたり，声を出したりする時間を設けることがあります。手あそびやちょっとしたゲームを入れるといいのですが，わたしは，たいてい「ことばあそび」をやります。

——こういう言い方をすると，なんだか「サシミのツマ」のように聞こえてしまいますが，わたしには「おはなし」も「ことばあそび」も同じくらいだいじなもので，どっちがサシミでどっちが

「ツマ」といえないものだと思っているのですが……。

そこで，――やっと本題に入ります――わたしが子どもたち相手にやっている「ことばあそび」をご紹介することにします。

まずは，よく知られている〈いるか〉

いるか　　　谷川俊太郎

いるかいるか
いないかいるか
いないいないいるか
いつならいるか
よるならいるか
またきてみるか

いるかいないか
いないかいるか
いるいるいるか
いっぱいいるか
ねているいるか
ゆめみているか

（谷川俊太郎『ことばあそびうた』福音館書店）

まず，ひととおりわたしが唱えて，子どもたちに聞いてもらいます。そして「〈いるか〉ということばがたくさん出てきました。動物の〈いるか〉と，いるかな？　いないかな？の〈いるか〉と，そのどっちなのかよくわからない〈いるか〉と，いろいろあったと思いますが，どの〈いるか〉でも，とにかく〈い・る・か〉ということばが出てくるときには，イルカの絵を見せますから，その時にはみんなで声を合わせて〈いるか〉といってください」といった話をします。絵は四つ切り画用紙に描いたものを使っていますが，出したり引っ込めたり動きがはげしいので，厚紙で裏打ちして取っ手をつけた方が扱いやすいです。

「はい，ドーゾ！」ではじめます。「1・2の3」とか「いっせーのーで」でもかけ声はなんでもいいのですが，わたしは幼稚園の先生のまねをして「ドーゾ！」というのが気にいっています。

「いるか」のところは絵を見せてみんなで，それ以外のところは絵をかくしてわたしひとりで，唱えます。こうすると，子どもは覚えなくても気軽に参加できるので，安心して大きい声を出してくれます。3回くらいみんなで唱えて，「はい，じょうずにできました，ありがとう」でおしまい。

ことばあそびは，1～2回聞いただけではおもしろさが味わえないので，ある程度繰り返す必要がありますが，しつこくやりすぎないほうがいいようです。年齢や雰囲気にもよりますが，3回くらいで終わるのがいいみたいです。

この「いるか」の詩は，教科書にも出ている（いた？）らしいのですが，国語の授業としてはどのように扱われているのかわたしには見当がつきません。でも「ここの〈いるか〉はどちらの意味の〈いるか〉か？」なんて議論は，まちがってもしないように願いたいものだと思います。

絵を見せて「いるか」と唱える，というわたしのやり方に対して，「いろんな意味の〈いるか〉があるのに，全部動物の〈いるか〉にしてしまうと，イメージが狂ってしまう。絵など使わずに，純粋にことばだけでたのしむようにすべきだ」というご意見もあります。それももっともだとは思うのですけれども，これまで4歳児～小学校低学年くらいの子どもたち相手にやってみて，まずまちがいなく，いつもとてもたのしんでもらえるので，わたしは「これはこれでいいんじゃないか」と思っているのですが，いかがでしょう。

幼稚園児からおとしよりまでたのしめる〈たらこ　かずのこ〉

たらこ　かずのこ　　　谷川俊太郎

たらこ　かずのこ　さかなのこ
だんごの　きなこは　だいずのこ
たけのこ　たけのこ　なめこは　きのこ
たまご　かまぼこ　れいぞうこ
しょくごは　いちごか　おしるこか
いたずらっこは　はらっぺこ

（谷川俊太郎『めのまどあけろ』福音館書店）

わたしのことばあそびのレパートリーの中で，いちばんの自信作です。「まねしてやってみました」といううれしい報告を，最近，二人の方から相次いでいただきました。ことばあそびをまねしてもらったのは，これがはじめてです。

さて，まず詩に出てくる次のようなことばの絵カード（16枚）を用意します。

たらこ・かずのこ・さかな・だんご・きなこ・だいず・たけのこ・たけ・なめこ・きのこ・たまご・かまぼこ・れいぞうこ・しょくご・いちご・おしるこ

きなこは絵になりにくいので，わたしは 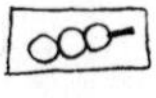 （だんご）にきなこをまぶした絵  にしています。また，しょくごはからっぽになったお皿や茶碗とおはし，でいかがでしょうか？

はじめに，わたしはいつも，絵を見せずに思いっきり早口で唱えてみせます。そして，「おぼえられそうですか？」と問いかけてから，おもむろに絵をとりだして，１枚１枚ゆっくり見せていきます。小さい子が多いときには，ひとくぎりごとに声を出していってもらいます。最後の「いたずらっこ」のところは，「いたずらっこなら，きっとここにいるから，絵はなくていいでしょ？」と絵のかわりにそのへんのこの子・あの子と指さし，おなかをおさえて「はらっぺこ」。

そして子どもたちに絵を見てもらいながら「はい，ドーゾ！」で一緒に唱えます。1枚ずつどんどんめくっていかなくてはならないので，手頃な大きさのしっかりした厚手の紙でカードを作ったほうがいいでしょう。

わたしのやってみた感じでは，4歳以下の子どもにはちょっとむずかしいかな？　という気がします。でも，わたしがそもそもこの詩をおぼえたのは，姪が2歳くらいのときにまわらぬ舌で「いたじゅあっこ，はあっぺこー」としょっちゅういっていたのがもとなので，もちろん小さい子にもじゅうぶんたのしめる「詩」だと思います。

小学校の中・高学年の子が，よろこんで，よくおぼえてくれることが多いです。このまえ，「おはなし会」で，これをやったあと，次の静かなおはなしがはじまっているのに，男の子数人，紙とエンピツをもって部屋から出たりはいったりごそごそおちつかないと思ったら，忘れないうちに「たらこ・かずのこ……」とメモを作っていたのでした！

まねをしてやってくださった方のうち，ひとりは幼稚園の先生でしたが，もうひとりの方は，老人ホームでやったと聞き，驚きました。いわれてみれば，なるほど，頭と口の体操にちょうどよさそうです。

2歳児もよろこんだ〈にょろにょろあるくの〉

にょろにょろあるくの　　谷川俊太郎

にょろにょろあるくの　へびですね
こそこそあるくの　どろぼうだ
のしのしあるくの　ぞうならば
ちょろちょろあるくの　ごきぶりか
かたことあるくの　ろぼっとで
あるかないのは　いしっころ

（『めのまどあけろ』前出）

「いろんなものがでてきて，いろんな歩き方をします。何が歩いているかあててみてね」といいながら，重ねて持った細長い紙を横にずらしながら詩を唱えていきます。（紙にはへび・どろぼう・ぞう・ごきぶり・ろぼっとの足跡のある絵と石の絵を描いておきます）

にょろにょろあるくの

へびですね

というぐあいです。「のしのし……」のところだけ，わたしは，

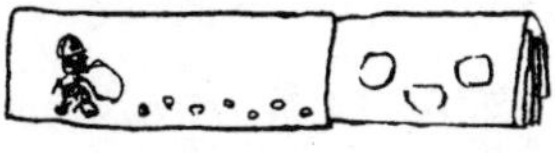

のしのしあるくの

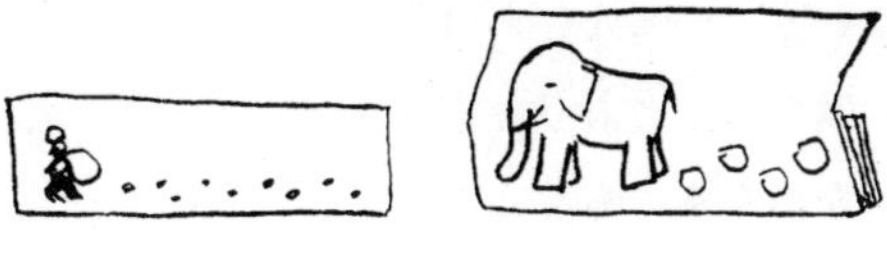

ぞうならば……

と，ひろげて大きくなるようにしています。

1度目は，「何が」ということに興味が集まるので，多少リズムをくずして，いろいろ考えてあてっこしながらやりますが，2度め，3度めとだんだんリズムや語尾の「～ですね」「～ならば」「～か？」のおもしろさを味わえるようになります。何度やっても「へびー！」「ぞう！」とさけんでいる子もいますが，それもいいでしょう。

12月はじめに，2歳児クラスでやったとき，「にょろにょろあるくの」といったとたん，すかさず「へび！」。こそこそあるくのといったとたん，「どろぼう！」とすこしも迷うことなく，最後まで正確にいいあてた子がいました。7月に別の集まりでこれをやったときに，きいていたようです。それにしても，7月に1度聞いただけのものを，2歳の子がこんなによくおぼえているとは，びっくりしました。

小学生以上にはまだ試みたことがありませんが，低学年ならのってくれるのではないか，という気がします。

5歳児以下に人気の〈いちばんぼたん〉

いちばんぼたん　　谷川俊太郎

いちばん　ぼたん　とおりゃんせ
とんねる　くぐって　うみへでる
にばん　ぼたん　とおりゃんせ
もんを　はいって　こんにちは
さんばん　ぼたん　とおりゃんせ
あなから　かおだす　もぐらもち

(『めのまどあけろ』前出)

幼稚園の不織布をいただいて，ノリとハサミでチョッキのようなものを作りました。

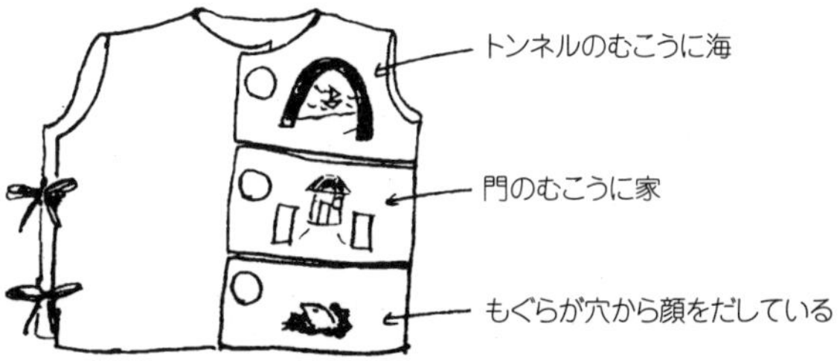
トンネルのむこうに海
門のむこうに家
もぐらが穴から顔をだしている

これを着て，子どもたちの前に立ちます。「ボタンをひとりでじょうずにはめたり，はずしたりできるようになるおまじない」といって，上から順にボタンをはめながら，「いちばんぼたんとおりゃんせ，トンネルくぐってうみへでる……」とリズミカルに唱えていきます。２度めは，「おぼえているところは，いっしょにいってね」というと，けっこう，声を出してくれます。はめながら，はずしながら，またはめながら……と３回か４回やっておしまい。

５歳児までは，よろこんでくれます。いろんな年齢の子どもが集まっているところでやったときには，小学生はソッポをむいてしまい，つきあってくれませんでした。「おまじない」といったのがまずかったかな……？

２歳児のクラスでは，１ヵ月おきに毎回きいてもらったら，３

回目に，声を出していってくれる子が数人でてきて，うれしい思いをしました。

表現のしかたをたのしむ〈ひっちらかし　とっちらかし〉

ひっちらかし　とっちらかし　　　谷川俊太郎

ひっちらかし　とっちらかし
おっぽらかし　おおあらし
ひっかたづけ　とっかたづけ
あとかたづけ　ひとだすけ

（『めのまどあけろ』前出）

これは，じつはかなり前から考えてはいるものの，まだわたし自身，子どもたち相手に試みたことがないものです。

１・２行目と３・４行目の対比がおもしろいので，たとえばこんなことをやってみたらどうかな，と考えています。子どもたちを「ちらかしやさん」と「かたづけやさん」と「レフェリー」の３つのグループに分け，「ちらかしやさん」に１・２行目を，つづいて「かたづけやさん」に３・４行目を唱えてもらいます。そのとき，めちゃめちゃにちらかす様子と，きちんとかたづけていく様子を，どちらの方がうまく表現できたか――すんだときに，まだちらかっている感じがするか，すっかりかたづいた感じがするか「レフェリー」に判定してもらう……なんていうのは，どうでしょうか？　実際にやってみたことがないので，これは全然自信ありませんが……。

さいごに，こんな詩はいかが？

たんぽぽ　　　まど・みちお

たんぽぽは
たんぽぽぽんの　ぽんぽぽぽんの
ぽん　みたいに　して
たんぽぽーっと　さいています
たんぽぽーっとね
だれも　しらない　むかしから

たんぽぽは
たんぽんたんの　あんぽんたんの
ぽん　では　ありません
たんぽぽーっと　さいています
たんぽぽーっとね
それは　ちょうちょが　しってます

たんぽぽは
たんぽぽぽんの　ぽんぽぽぽんの
ぽん　みたいに　して
たんぽぽーっと　さいています
たんぽぽーっとね
きっと　ちきゅうが　つづくまで

（『まど・みちお全詩集』理論社）

まど・みちおさんには，たんぽぽをうたった詩がいくつもあります（題に「たんぽぽ」がつく詩だけでも11編あります）。その中で，いちばんわたしの好きなのが，いちばん新しいこの詩です。幼稚園の子どもたちに聞いてもらいたくって，道ばたで摘んだたんぽぽを１本手にして（少ししおれてしまっていましたが），語ってみました。年長組の子どもたちは，「たんぽぽーっと」聞いてくれたように思いましたが……。

「ことばあそび」にかぎらず，こういう「詩」を紹介して，日本語の美しさ・おもしろさを，子どもたちといっしょにたのしんでいきたいものと思っています。

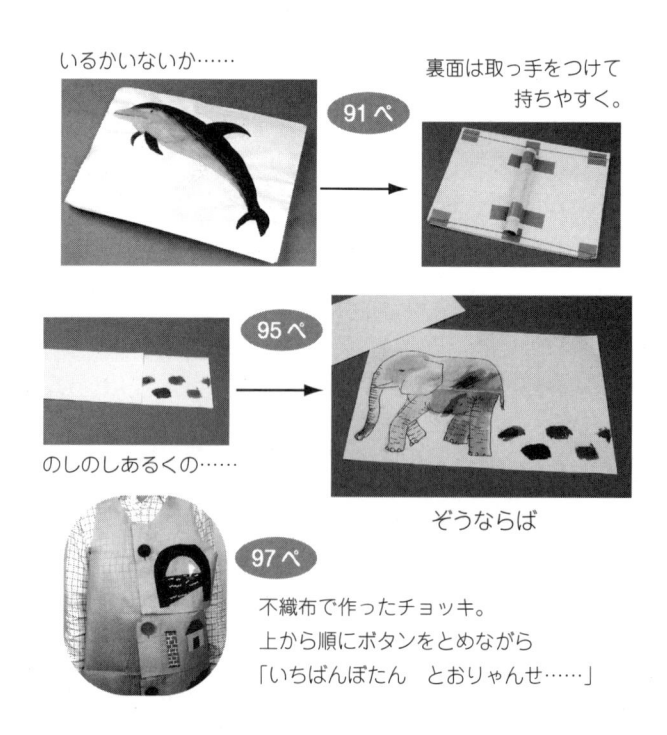

いるかいないか……

91ぺ

裏面は取っ手をつけて
持ちやすく。

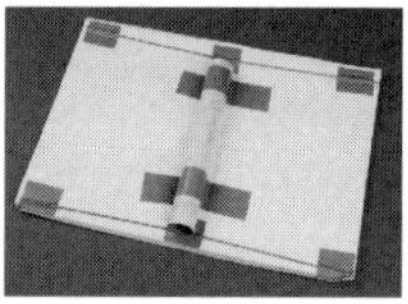

95ぺ

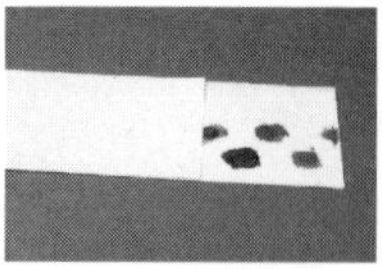

のしのしあるくの……

ぞうならば

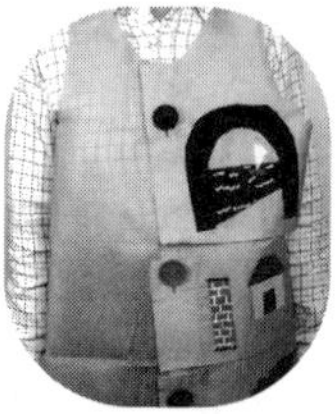

97ぺ

不織布で作ったチョッキ。
上から順にボタンをとめながら
「いちばんぼたん　とおりゃんせ……」

知って得する

アイデアいろいろ

（初出No.320，07・3）

「４Ｂえんぴつ」と「いろは練習帳」で……

低学年のひらがな指導

奥　律枝

東京・小学校

●私のクラス，雑な字が多い？

新採で１年生を受け持つことになったとき，自分が小学生だった頃をすっかり忘れていた私は，〈読み書き〉の指導をしながら，「こんなことから教わったんだー」と，自分で感心していました。

ところが，しばらくして，廊下の掲示物を他のクラスのものと比べてみて，自分のクラスだけ，雑な字が目立って愕然としました。当時は１年生は３クラスで，私は真ん中の２組。ベテランに挟まれて，技量の差を見せつけられた感じでした。

ベテランの先生方に指導のコツを聞いたところ，「とにかく濃い鉛筆で〈ゆっくりと〉書かせると良い」ということでした。

考えてみると，せっかちな私は，さいしょはゆっくり書くように指導していたものの，いつのまにか子どもたちに急いで書かせるようになっていたのでした。丁寧に書ける子もいるのですが，よれよれの字の子はよれよれのまま，そして筆圧の弱い子は殴り書きをするようになっていたのです。

鉛筆については，「１年生では，２Ｂの鉛筆を持たせる」というのが保護者会で説明されていました。ですから，最初はどの子の筆箱にも，２Ｂの鉛筆がずらりと並んでいました。しかしそのうち，ＢになったりＨＢになったりと不揃いになってきます。「２Ｂは濃くて手が汚れていやだ」という女の子もいます。

●荒井さんから教わったこと

４月からまた新しい１年生を持つと決まった３月末の「たのしい授業フェスティバル」で，荒井公毅さんの「低学年の算数」の講座を受けました。

このとき，算数のことだけでなく，机の中の筆箱の位置から，図工の時に出るゴミの始末のさせ方，道徳の時間のテレビ番組の活用法まで細々とした生活の約束ごとも教えてもらいました。

「プリントを配ったらすぐ名前を書かせる」というお話の中で，「名前にも丸を付けて指導するのだ」という話がありました。名前が雑な時は，「上から赤ペンできれいな名前を書いて，雑な字を消しゴムで消しておいてから，赤ペンの字をなぞらせるのが良い」とのことでした。

聞いていて，なるほど，コレならできそうだと思いました。

１年生の子どもは，ひらがなを全部習う前に，自分の名前だけは先に書くことになります。しかし，ちゃんと習う前に何度も自分の名前を書いているので，そのうちに「わ」「な」など，難しい字には変な癖がついてしまうのです。

最初は「名前を指導するなんて」と思ったのですが，考えてみたら名前の字をちゃんと教わっていないのに名前を書かせているのですから，当たり前だなぁと思えてきました。

さらに荒井さんは，「丁寧に書くことを徹底的にしつける」ため，「心を込めてゆっくりていねいに書きなさい」と言って指導しているということでした。

また，早く算数プリントができた子には，プリントに印刷されているタイル（四角い正方形）のふちを鉛筆でなぞらせると，手先が動くようになって良いそうです。

それらの話を聞いて，実際に私がやったことは，

①名前にも丸つけをして，赤ペンでなおす。

②雑に書いてある字は赤ペンで上から訂正してなぞってもらう。

③字を書くまえに「ゆっくり心を込めて」と口に出して言ってもらう。

③については私自身が言い忘れるので，子どもに「書く前にみんなで言おうね」と言っておいて，教室前面にことばを掲示して唱えさせました。

算数プリントの〈タイルのふちをなぞらせる〉〈タイルの中を塗りつぶす〉などの作業も，ひらがなを学習している１学期間は，手先の訓練のために続けました。

●４Ｂの鉛筆で

〈濃い鉛筆を使う〉ということだけで，字の苦手な子は書きやすくなります。また，濃いだけで上手に見えるという効果もあります。

私も家庭訪問などで筆圧の弱い子のお母さんにお会いした時は，「筆圧が弱いので，２Ｂよりも濃い鉛筆を持たせてください。そうですね，３Ｂか４Ｂで」と話していました。

そういう私のアドバイスを聞いて，ようすけ君（仮名）の家庭では４Ｂの鉛筆を持たせてくれました。ようすけ君は筆圧が弱く，手首の動きも小さいので，どうしても字が小さくなってしまっていたのです。ところが，そのようすけ君が，２年生の２学期頃から筆圧がしっかりしてきて，字の形が整うようになってきました。

「じょうずになってきたねぇ」と私が声をかけると，うれしそうににっこりするようすけくん。1年半かかったけど，ようすけくんは確実に上達してきているのがわかります。

他にも何人か筆圧が弱い子がいましたが，２Ｂの鉛筆のまま過ごしてしまった子たちは，あまり上達してきている感じがありません。かえって，その雑な字が定着してしまった感じです。

４Ｂの効果を実感したちょうどその頃，知り合いの先生が国語で２年生の作文の授業をするというので見に行きました。来年で定年を迎えるという国語のベテランの先生です。

教室の壁には子どもたちの作文が掲示してありました。「どの子も字がきれいだなぁ。どう指導しているのだろう？」と思って，ふと子どもの手元を見たら，「４Ｂ」の鉛筆を持っています。他の子を見てみるとどの子も「4B」！

いったい筆箱の中はどうなっているのだ⁉　子どもが開けた筆箱の中を覗いてみると，４Ｂ３本，２Ｂ１本，赤鉛筆１本。……やっぱり４Ｂが良いんだ！

次回１年生を持つ機会があったら，絶対全員に４Ｂを持たせてもらうようにしようと思いました。

●今までと違いが！

そして2005年，また１年生の担任になりました。最初から全員に４Ｂをと思ったのですが，なかなか保護者の方に言い出せず，２学期になってようやくお願いすることができました。

２学期からは復習として，十字の点線が入った用紙に「いろは歌」を書いた表を配り，練習してもらいました。これは石川夏江先生という方が，個人でお作りになった冊子にあったものです。毎日一枚のプリントを丁寧に練習しているうちに，雑になりかけていたひらがなが上手になってきました。

「うまくなったなあ」と思ったのが，１月の書き初めでした。書かせているときは，「うーん，いまいち」と思っていたのですが，張り出してみたらとても上手でした。

見ているうちに，うまく見えるポイントに気がつきました。「お」と「す」です。どちらもくるっとまわる所があります。ここの形がうまくとれているとかっこよく見えるようです。「は」「よ」「む」「ま」「す」の〈くるっとまわる部分〉は「スプーンの形」，「お」のまわるところは「スプーンの形」ではなく「三角形」です。こういうところをしっかり意識するだけで，とても違うんだと思いました。

今まで１年生を４回持ったのですが，今回の１年生は明らかに字が丁寧に書けるようになりました。雑な子が少ないのです。１年の11月に読書感想文を書いたのですが，図書館司書さんが「先生のクラスの子は字が丁寧に書けてますね」と言うほど。自分では，「今までの子と違うな」と思っていたものの，人から言われると「やっぱり」とにんまりしてしまいます。

＊「いろは」の表については，
arcturus@mte.biglobe.ne.jp
までお問い合わせください。

（初出No.209，99・4）

詩で始める一日

●朝の会での読み聞かせ奮闘記

太田康彦

埼玉・小学校

朝の会，どうしよう？

教師になって１年目。３年生を担任していた私にとって，最初，「朝の会」は苦痛でした。初任者研修では，「朝の会は子どもたちの一日を楽しくスタートさせるためにも大切な時間です」と，ことあるごとに言われていたのですが，私はどんな話をしたらよいかわからなかったのです。

それで結局，１学期は子どもたちへの連絡事項だけしかしていませんでした。でも欲張りな私は，そのうちに「どうせやるなら，できるだけ自分が楽できて，子どもたちにもたのしいと思ってもらえる朝の会にしよう！」と，考えるようになりました。

かくして，「楽をしてできる，たのしい朝の会」へ向けて，悪戦苦闘の日々が始まったのでした。

絵本の読み聞かせ

１学期に「どうしよう」状態だった朝の会を変えようと，２学期からは，絵本の読みきかせを始めることにしました。一日２分と時間を決めて，キッチンタイマーをセットし，毎朝少しずつ絵本を読んで聞かせるのです。〔『たのしい授業プラン国語１・２』や杉山亮『朝の連続小説１・２』（どちらも仮説社）には，朝の会に読み聞かせをするプランが載っています〕

これは子どもたちに好評でした。キッチンタイマーが鳴ると，「続きはまた明日ね」と打ち切って１時間目の授業に入るのですが，そのうちに「先生，もっと読んでよ～」という声が飛んでくるようになりました。欲張りなところは私に似ている子どもたちです。

初めのうちは，「まあいいか」と，時間を延長して読んであげていました。でも，２学期は行事の嵐。忙しい中で教科書を進めなければいけません。おまけに，隣のクラスは授業の進度がとても早くて，私のクラスとの差は相当開いていました。「漢字ドリルは８番まで進んだよ」なんて声が聞こえてくると，私はただ焦るばかり。

そうなると，もう，１時間目ま

で食い込むような朝の会をする余裕はありません。でも，子どもたちは絵本の読み聞かせを楽しんでくれていて，できればその気持ちをそぎたくないし……。

私は教科書と子どもたちとの間で，板挟みになってしまいました。そのうちに，朝の会で読む絵本を買うために頻繁に本屋へ出かけていく余裕もなくなってきました。

それで，「こんなに悩むならやめてしまえ」とばかりに，結局，絵本の読み聞かせはやめてしまいました。

詩の単元で困った！

そうしているうちに，国語の授業は「詩」の単元に入りました。授業をしてみると，「説明文や物語文と違って，詩は授業が難しいなぁ」と感じました。

子どもたちに詩を書いてもらったのですが，「文章を短く書く」というのがなかなかできないようなのです。また，だいたいの子が，文末に「～と思った」という言葉をつけていて，まるで作文のようになってしまっているのも気になりました。

「子どもたちが〈詩〉を書けるようになるために，いい方法はないかなぁ」と考え悩んで，同じ学年の先生に相談してみました。すると，「いい作品を紹介してみたら？」というアドバイス。さっそく子どもたちの作品の中から，うまく書けているものを授業中に紹介することにしました。すると，仲間の作品であるせいか，子どもたちの反応は上々で，みんなが楽しんで聞いてくれていました。

そうなると欲張りな私は，「もっとたくさん，いい作品を紹介したい」と思うようになりました。そこで，「朝の会で詩を読んでみたらどうか」と思いついたのです。

困った時には新聞をめくろう

私はすぐに本屋さんにとんで行きました。ところが，私の求めるような詩集は置いてありません。「困ったな」と思いながら２～３日が過ぎていきました。

私は毎日，新聞を読みます。といっても一通り目を通すぐらいだったのですが，詩集を探すようになってからは，新刊本の広告をとりわけ注意して読むようになりました。でも，よさそうな本は見つかりません。

ところが，「やっぱりないのかなぁ」とあきらめかけていたときに，偶然，「こどもの詩」という囲みが目に飛び込んできたのです。８cm四方くらいの小さな囲みの記事です（『読売新聞』）。

「ドレドレ……」と思いながら読んでみると，これがけっこうおもしろいのです。子どもが自分の視線で考えているせいか，スッと心に染みてくる感じです。

「これはいける！」と直感的に感じました。さっそく古新聞を引っ張り出して，その囲み記事の切り抜きを始めました。

朝の会で詩の読み聞かせ

翌日，さっそく朝の会で，「今，国語で詩の勉強をしているけれど，新聞に載っていた子どもの詩を紹介するよ」と言って読んでみました。突然のことに子どもたちは驚いた様子でしたが，かまわず読み進めました。そして，その詩を読んで私自身が思い出したことをちょっと話に付け加えて，朝の会を終えました。

絵本の読み聞かせをやめてからというもの，「連絡事項の他にどんなことを話したらいいか」と悩んでいたのですが，その悩みはこれで解決しました。また，詩を読んで私が話をするまでに，わずか２分しかかからないので，絵本の読み聞かせのときのような時間の心配もありません。これで朝の会はうまくいきそうです。

あとは子どもたちの反応だけが気がかりだったのですが，朝の会が終わるやいなや，「先生，今日の詩，何新聞に載っているの？」と質問してくる子がいて，うれしくなりました。私は「『読売新聞』だよ」と答えました。

その翌朝，教室に行くと，さっそくある子に「先生，新聞見たけど，載っていなかったよ」と言われてしまいました。うっかりして，「生活欄」というのを伝え忘れていたのです。それでも「先生，今日の朝読む詩，わかったよ」と言ってくれる子どもたちもいました。朝，学校に来る前に新聞を読んで，ちゃっかりチェックしてきたようです。

題名当てクイズでワイワイ

３日目からは，ただ読むのではものたりないと思い，作者・小学校名・年齢を紹介した後に詩を読み聞かせて，題名を当ててもらう〈クイズ形式〉にしてみました。すると，いつもは気分が乗らないと何もしないＫ君のような子まで，目をキラキラさせ，手を挙げて題名を当てようとするのです。私は驚くだけでなく，心がウキウキしてきました。

これで，朝からワイワイ，活気のある朝の会になったのはいうまでもありません。

切り抜いてきた詩がたまり始めると，「そのまま捨てるのはもったいない」と思い，上質紙に貼り付けて日めくりカレンダーのようなものを作ってみました。それを教室内に掲示しておくと，休み時間にその前に集まり，めくっては今までの詩を読んでいる子どもたちの姿が見られるようになりました。２月に入ると，「今までの詩を全部ファイルして，友だちと読みあっているの」という女の子まで出てきました。「毎朝の〈詩の題名当てクイズ〉を楽しみにしているのだな」と，私はうれしくなりました。

おわりに

朝の会での詩の読み聞かせは，国語の授業で詩の単元が終わってからも，やめられなくなってしまいました。朝の会で詩を読まないと，子どもたちから「先生，詩，読まないの？」と言われてしまうのです。それで，とうとう３学期の間，ずっと続けるハメになってしまいました。うれしい誤算です。朝の会のことではあんなに悩んでいたのに，何だか気が抜けてしまいました。

「こどもの詩」は，『読売新聞』朝刊の生活面（24～25面のことが多い）に載っています。これのよい所は，実にタイムリーな内容の詩が採用されていることです。阪神大震災の後にはそれが起こった時の心情を書いているものがありましたし，年中行事にまつわる詩が採用されることも多いのです。

この欄は，日によって「女の詩」になることがあるので，切り抜いたものをまとめてとっておき，一つずつ紹介しています。また，当日の朝刊を切り抜くと裏面が読めなくなるし，子どもたちが家で見てきてしまって題名を知っている，というのではつまらないので，私は当日のものは読まないようにしています。

興味のある方は，ぜひお試しになってみてください。（1995.4）

〔「こどもの詩」は『読売新聞』朝刊に載っています〕

（初出No.290，05・1）

百人一首の読み手は CDにおまかせ！

●ＣＤ「小倉百人一首」はオススメです

佐々木一昌　東京・中学校

「百人一首」の季節です！

小学校・中学校など校種や学年を問わず，この時期に国語の授業や学年レクリエーションで「百人一首」を取り上げることが多いと思います。僕も学活のときに取り上げ，そのたびに普段おとなしい子が札を取る時に急に過激な狩人になったり，上の句のさわりを読んだだけでぱっと手が動く子にみんながビックリするなど，いつも素晴らしい光景が繰り広げられるのを楽しんでいます。

「百人一首」は，札を用意すれば他に準備がいらないので，そのへん教師にとってとても有り難い教材ですよね。

しかし，ここでひとつ，新たな問題が起こりました。それは，僕が国語の補教を１日に３時間受け持ったときの話です。

「百人一首」が補教の課題でした。読み札は僕が読んでいました。最初のクラスでは快調に読み進みましたが，次のクラスでは声に張りが出てこなくなって黄色信号。さらに，３クラスめでは，読むのがつらくなり（あきてきたということもあった），「僕って，もしかしたら拷問にあっているのかなあ……」など，情けなくなってきてしまいました。なんとか読み終わったときには，いわゆるナチュラルハイの状態になっており，こんな拷問を我に与えたもうた休んだ国語の先生を恨むどころか，「自分は３クラス分の百人一首を読む力があるのだ！」と，冷静になればなんのことかよくわからないことに感動しておりました。

でも，こんなことが続いたら私の身体は崩壊してしまいます。困ったことに，僕の空き時間は学年の先生の空き時間とほとんど重なっていない（ぼくは音楽教師です）。ということは，おなじようなことが起きる可能性は大……。ど，どうしよう……。

素晴らしいCDが……

そんなある日，自宅近くの板橋区立成増図書館のCDコーナーで，偶然素晴らしいCDを見つけました。２枚あります。

①「小倉百人一首」（株）ポリスター PSCR-5241　2500円
②「小倉百人一首」（株）日本クラウン　1800円

①は森繁久弥さんが読み手。上の句一回，下の句を二回読んでいます。

②は「全日本かるた協会公認読み手　小野正実」さんが読み手。上の句一回，下の句も一回読んでいます。生徒の皆さんの百人一首の習熟度には幅がありますので，取りやすさを考えると①のCDがオススメです（でも，残念ながら現在は品切れ）。

時間は，①がだいたい40分強。②がだいたい30分強です。小学校だと，授業時間を少しオーバーしてしまうかもしれません。終業の合図が鳴ったら終わりにするという約束を決めておくといいかもしれません。

このCDのおかげで，自分が読み手として体力を消耗する悩みからは解放されましたが，新たな問題が起きました。CDでは，読み上げる札の順序が決まっているということです。つまり，２回目にCDをかけると前と同じ順序で札が読まれるので，記憶力のよい子などは，次になんの札が来るかを予想することが出来るのです。これはこれですごい能力だとは思うのですが，ゲームの性格上，公平さが大切ですので，手放しでその力を喜べません。うーん，どうしよう。

ランダム機能はすばらしい！

悩みながらもCDのジャケットを見ていたら，そこに「〈ランダム機能〉を使えば，読み順が毎回バラバラになる」と書いてありました。〈ランダム機能〉とは，CDに収録されている情報（曲）をアトランダムに機械が選んで音を出し，そのCDを聞くごとに順序を変えて音を出してくれる優れものの機能だったのです。

これでまたひとつ，悩みが解決しました。もっとも，すべてのCDデッキが「ランダム機能」をもっているとは限らないので，視聴覚担当の先生にデッキの機能を確認した方がいいと思います。

今回の悩みにぶつからなければ，僕はランダム機能の有効な使い方を知らずにいたことでしょう。まさに怪我の功名です。ヨカッタヨカッタ。

読み手を①に変えての中一生徒の感想は，「ふんいきが昔っぽくていい」「慣れてくると声が聞き取りやすくなってくる」など，なかなか好評です。「読み上げている人の声が〈もののけ姫〉に出てくる人（声優のこと）の声に似ている」など，鋭い意見を言ってくれる子も出てきて，みんなで楽しい時間を過ごしました。

このCDのことを学年の他の先生にも紹介したところ，とても好評で，実際に使っていただいています。

いやあ，今日もいいことしちゃったなあ。めでたしめでたし。

（初出No.318，07・1）

●こんな宿題なら喜ばれるかも……

たのしさを家の人にもプレゼント

小川　洋
東京・小学校

●喜ばれる宿題とは

「宿題なんか無いほうが良いのに」と，ボクは思います。でも，親の「先生，宿題をもっと出してください」という声は，とても根強いものがあって，まるっきり無視するわけにはいきません。たしかに「我が子が勉強しているのを見ると安心する」という親の気持ちも分かります。そこでボクは，毎日算数や漢字の宿題を出しています。もちろん家で，宿題のことが子どもたちの頭をよぎってクラーイ気持ちにならないように，心掛けてはいます。だから，〈プリント１枚の簡単なもの〉〈休前日は出さない〉などと決めています。

ところで宿題と言えば，「こんな宿題なら喜ばれる」という小原茂巳さんの実践がいつも思い浮かびます。小原さんは「子どもが仮説実験授業でたのしく学んだことを家の人たちに紹介する ── そんな宿題ならすごく喜ばれる」と，たびたび『たのしい授業』で紹介しています。小原さんはその例として《背骨のある動物たち》の絵カードによる仲間わけの作業などを挙げています。（小原「こんな宿題なら喜んでくれるかも」『たのしくドリル・マッキーノ』仮説社，に掲載）。

小原さんが言うように，「子どもたちがはりきってくれるもの（少なくとも嫌がられはしないもの）」「親もいっしょに楽しんでくれる宿題」が，もっと他にもないか，ボクもよく考えます。

●朗読の宿題を出してみた

小学校の低学年でよくある宿題に，「本読みカード」があります。教科書の朗読を親に聞いてもらい，カードに親のサインをもらってくるというものです。ボクの娘たちも小学校時代，よくその宿題が出ていました。でも，親が「早くやっちゃいなさい」と言わないとなかなかやらなかったところを見ると，子どもたちにはそれほど歓迎されていなかったようです。

去年，３年生の子どもたちと，国語の時間に山中恒さんの『このつぎなあに』（あかね書房）を読みました。「山のたぬきがおじいさんを驚かそうと次々にいろいろなものに化けてくる。でも，化け方が下手でおじいさんにはばれてしまう」というお話です。物語の展開を子どもたちに予想させながら読みすすめていきましたが，子どもたちはこの授業を大歓迎！　ボクは次のように考えました。

「子どもたちはこのお話の朗読を喜んでやってるみたい。これを家で子どもたちに読んでもらったら，家の人たちも喜んで聞いてくれるかも。親も，〈次は何に化けてくるのかな？〉と物語の展開を楽しんでくれるかも」

そこで本読みカードを作り，〈このお話を３回に分けて読む〉という宿題を出してみました。するとボクが予想した以上に，家の人たちにも喜ばれました。その様子が本読みカードの「親の一言」欄に表れていました。

◎前よりゆっくり読んでいました。楽しい部分と悲しい部分が交互にあって，最後のほうはとても感動しました。おじいさんのやさしさに涙が出そうになりました。

（藤木君のお母さん）

●「あめだま」でもやってみる

『このつぎなあに』はとても長いお話でした。「もっとみじかいもので気楽にやれると良いな」とも思います。すると，サークルで佐竹重泰さん（東京・小学校）が，新美南吉さんの「あめだま」という短いお話を紹介してくれました。最後にオチがある落語的な楽しいお話です。〔116ぺに掲載〕

「渡し船の中で１個しかないあめ玉をとりあって騒ぐ二人の子ども。すると，居眠りをしていたヒゲの怖そうなサムライが突然，刀をすらりと抜いて向かってきた……」というお話です。

子どもたちと音読の練習を少しした後で，久しぶりに「朗読の宿題」にしてみました。今回は「本読みカード」は作らず，プリントの余白に「家の人からの一言」欄だけをつけてみました。

以下にそこに書き込まれたコメントの一部をご紹介します。

◎とても上手にていねいに読んでくれました。夜，ねる前にもう一度読み，笑ってみんなでねました。音読はいつもたのしみにしています。また読んでね !!　（服部君のお母さん）

◎よく読めました。が，アメ玉の半分が川の中に落ちないか心配でした。　（片倉さんのお父さん）

◎気持ちを込めて上手に読めました。「おうい，ちょっとまってくれ」とさむらいが言った言葉なんてとっても上手でした。

（中田君のお母さん）

◎とっても良い本です !!　子どもの台詞の所，すっごく上手です。スラスラとつっかえる事なく読めました !!　エライ，エライ !!　また聞きたいな。　（田中さんのお母さん）

「もう少しゆっくり読みましょう」というようなコメントも多かったのですが，この「宿題」はおおむね好評でした。子どもたちもそれほどイヤがらずにやってくれたようで，忘れる子がほとんどいませんでした。

ところで最近，ものづくりが楽しくできたときは，その材料を余分に配って「きょうだいや家の人にプレゼントしよう」という「宿題」をよく出します。学校でたのしく勉強できたものは，たいてい家の人も喜んでくれるようです。「授業で味わった楽しさ」をそのまま家の人たちにも伝えられるような，そういう宿題なら，子どもにも大人にも喜ばれると思いませんか。

他にも「こういう宿題なら喜ばれる」というアイデアがあったら，ぜひ教えて欲しいと思います。

あめだま

新美南吉

春のあたたかい日のこと，わたし舟《ぶね》にふたりの小さな子どもをつれた女のたびびとがのりました。

舟《ふね》が出ようとすると，

「おうい，ちょっとまってくれ。」

と，土手《どて》の向こうから手をふりながら，さむらいがひとり走ってきて，舟《ふね》にとびこみました。

舟《ふね》は出ました。さむらいは舟のまん中にどっかりすわっていました。ぽかぽかあたたかいので，そのうちにいねむりをはじめました。

黒いひげをはやして，つよそうなさむらいが，こっくりこっくりするので，子どもたちはおかしくて，「ふふふ」と笑《わら》いました。

お母さんは口にゆびをあてて，

「だまっておいで。」

といいました。さむらいがおこってはたいへんだからです。

子どもたちはだまりました。

しばらくすると，ひとりの子どもが，

「かあちゃん，あめだまちょうだい。」

と手をさしだしました。

すると，もうひとりの子どもも，

「かあちゃん，あたしにも。」

といいました。

お母さんは，ふところから紙のふくろをとりだしました。ところが，あめだまはもうひとつしかありませんでした。

「あたしにちょうだい。」

「あたしにちょうだい。」

ふたりの子どもは，りょうほうからせがみました。あめだまはひとつしかないので，お母さんはこまってしまいました。
「いい子だからまっておいで，むこうへついたら買ってあげるからね。」
といってきかせても，子どもたちは，ちょうだいよう，ちょうだいよう，とだだをこねました。
　いねむりをしていたはずのさむらいは，ぱっちり目をあけて，子どもたちがせがむのをみていました。
　お母さんはおどろきました。いねむりをじゃまされたので，このおさむらいはおこっているのにちがいない，と思いました。
「おとなしくしておいで。」
と，お母さんは子どもたちをなだめました。
　けれど，子どもたちはききませんでした。
　するとさむらいが，すらりと刀《かたな》をぬいて，お母さんと子どもたちのまえにやってきました。
　お母さんはまっさおになって，子どもたちをかばいました。いねむりのじゃまをした子どもたちを，さむらいが切りころすと思ったのです。
「あめだまを出せ。」
と，さむらいはいいました。
　お母さんは，おそるおそるあめだまをさしだしました。
　さむらいはそれを舟《ふね》のへりにのせ，刀《かたな》でぱちんと二つにわりました。
　そして，
「そうれ。」
とふたりの子どもにわけてやりました。
　それから，またもとのところにかえって，こっくりこっくりねむりはじめました。

＊この文章は「青空文庫」に公開されたものを一部変更して使用させて頂きました。

（初出No.192，98・1）

書写で相撲の番付表を写そう

●筆ペンでお手軽に書写の授業

有馬孝男

埼玉・中学校

●はじめに

ボクは社会科の教師ですが，今年（1997年）は免許外で「書写」を１年生の全クラス（週１時間×５クラス）で教えています。

〈社会〉の時間では「先生，書き順が違っています」とか，「なんて書いてあるか読めません」と生徒に注意されるボクです。

「〈書写〉なんて絶対に教えられない」とはじめは思っていたのですが，前の「美術」の授業（免許外）の時も，狭山たのしい授業サークルの皆さんのおかげで「自分の好きな食べ物やさんの〈お品書き〉を習字で書く」や，「障子紙に墨と絵の具で〈水墨画？〉のように絵を描く」（いずれも『ものづくりハンドブック５』仮説社，参照）の授業など，たのしく授業ができました。

そこで今年も〈どっちに転んでもシメタ！〉の発想で，やってみることにしました。

お習字は大の苦手のボクですが，幸い１学期は硬筆展があるため，鉛筆やサインペンで漢字の楷書と行書の練習で，ひたすらノートに写す日々……

「２学期はいよいよお習字か。ウ～ム，何か１度でも，書写でできるおもしろそうな授業はないか

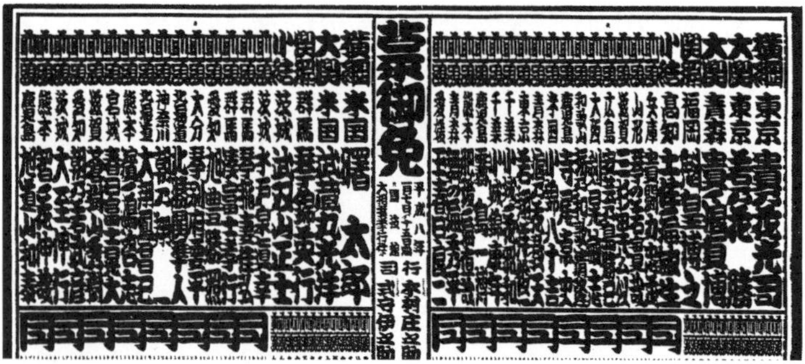

なあ……」と考えていました。

そこで目にしたのが，大相撲の番付表です。すべて筆で書かれているし，とにかく太く力強く書けば力士の四股名らしくなるし，さらに筆ペンを使えば準備もいらず，どんな紙にも書けるし，自分の好きな力士を写してもいいし，自分で架空の四股名を考えるのもおもしろそうだなあ……ということで，とにかくやってみることにしました。

●**準備するもの**

筆ペン（細）

大相撲番付表，なければ星取り表（新聞の切り抜き）。

力士名を書く用紙（B５）

●**やり方**

1．番付表を見て，力士の名前を写す。

2．自分で考えた力士の四股名を書いてもよい。

★**四股名の作り方**

（平成九年度大相撲秋場所の〈番付け表〉を参考）

1．四股名の最後には，自然界にあるものの漢字をあてる。

例）○○山，○○川，○○海，○○洋，○○岩，○○花，○○桜，○○梅，○○島，○○嵐，○○竜，○○富士など

2．漢字１文字～４文字がよい。

例）曙，魁皇，武蔵丸，栃乃和歌

3．四股名のあたまに，昔の国名をつけても良い。

例）武蔵（東京･埼玉）丸，安芸（広島）ノ島，肥後（熊本）の海，土佐（高知）ノ海

4．ゴジラ山など，もとが片かなのものは，当て字を書く。

例）誤痔羅《ゴジラ》山，派和古《パワフル》山，部《ブ》留動《ルドー》山

●**子どもの評価は**

５段階評価で聞いてみると，４と５が圧

倒的に多く，みんなとても楽しんでくれたようです。

★参考

この資料を作ってから「相撲の四股名をつけるときには，どんな基準があるのだろうか」ということがとても気になって，(財)日本相撲協会（Tel.03-3623-5111）に電話をかけて聞いてみました。

すると，やさしそうな？女の人が丁寧にボクの質問に答えてくれました。せっかくですから，みなさんも予想してみて下さい。

【質問１】お相撲さんの四股名は，いったい誰が決めるのでしょう。

ア．親方が決める。

イ．親方と本人が決める。

＊

ボクは，親方が一方的につけるのだと思っていたのですが，親方と本人で決めることになっているそうです。でも親方の原案を弟子が拒否するのは勇気がいりますよね。

【質問２】一般的にお相撲さんの四股名には，○○山とか××海というような，自然界にある漢字が多く使われていますが，これは何か基準があるのでしょうか。

ア．基準がある。

イ．基準はない。

＊

特に基準はなくて，たとえば「銀河鉄道」とか「戦車」という四股名をつけてもよいそうです。

【質問３】漢字で３文字から５文字の四股名が多いのですが，字数制限はあるでしょうか。

ア．ある。　　イ．ない。

＊

四股名の字数制限も，全くないそうです。「中秋の名月山」なんていうのもＯＫだそうです。

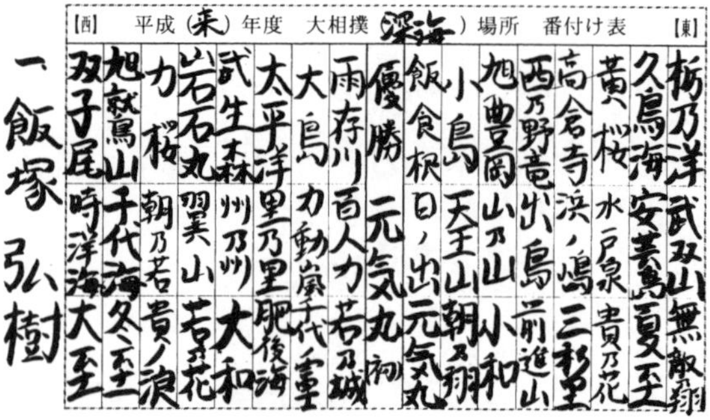

【質問４】例えば「ストロング山」などの片かなの四股名をつけてもいいのでしょうか。

ア．よい。　イ．だめ。

＊

この質問に対しては，相撲協会の広報部で調べてもらいましたが，これもかまわないそうで，過去には片かなの力士がいたそうです。

四股名に関しては，使う文字に関する規定は全くないのですが，ただ相撲協会に登録されて一生残るものなので，親方と本人が慎重に決めるということでした。

やってみました「番付表」

菊地美紀

埼玉・小学校

私もはっきり言って，「書写」は得意じゃないです。だからこの間のサークルで紹介された有馬孝男さんの「相撲の番付表を写そう」は，すごくうれしかったです。さっそく私も小４の子どもたちとやってみようと思いました。……ところが，私は「相撲」のことがまるでワカラナ～イ！　そこで，月刊誌（？）の『大相撲』とやらを買ってみましたが，いまいち「？」です。でも，「番付表」なら，昔，おばあちゃんちに貼ってあったので見たことがありました。

そこで，さっそく有馬さんに電話すると，親切な有馬さんは，番付表をＦＡＸで送ってくれました（ありがとね！）。それから職員室でも聞いてみると，かくれ相撲ファンの先生がいて，番付表をどっさり持ってきてくれました。それを見て，番付表のワクを作ってみました。今までの習字の作品の上に貼りたかったので，Ｂ４用紙をたて長にして使いました。また，４年生では書くのを途中で飽きて挫折してしまいそうなので，書くワクの数を少なくしてみました。あとは，100円ショップで筆ペンを人数分買って準備ＯＫです。

●私が準備したもの

筆ペン
番付表を縮小したもの
力士名を書く用紙（Ｂ４）

『漢和辞典』（あて字用）

●やり方

有馬さんと同じ。ただ，私は先に有馬さんの質問（120ぺ～）をやってみました。

●評価・感想

○とてもうれしかった。自分たちで名前をつけたりして，すごく楽しかったです。またやりたいな，と思いました。（なおちゃん）

○辞書でいっぱい調べてかいたのが苦労した。全部自分で考えられたのがうれしかった。またやりたいです。（りょうすけ君）

○漢字であて字を書いたのが楽しかった。「気ン気地方」などがあった。（まい子ちゃん）

○全部ポケモンの名前で楽しかった。（けい君）

●おわりに

はじめにクイズをしたせいか，ほとんど自分たちで考えた力士名を書いていました（特にポケモン！）。辞書で漢字をせっせと調べ，すごく楽しそうでした。いつも書写というと，意外とシ～ンとした感じだけど，こんな書写もいいナ，と思いました。あまりにもり上がりすぎて，２時間も使っちゃいました。

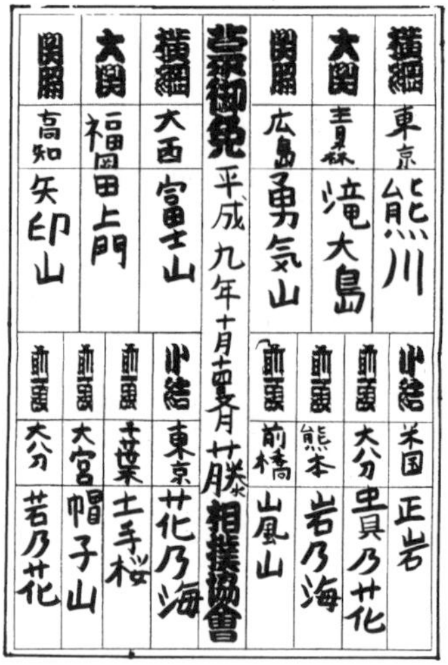

おすすめ授業プラン

（初出No.337，08・5）

よみかた授業プラン
谷川俊太郎〈だいち〉と小学６年生

●子どもが読んで教師が楽しむ詩の授業

講演　山本正次　故人・元小学校
講演記録編集
授業記録　段上和夫　大阪・小学校

ここにまずご紹介するのは，1994年１月８日に行われた「大阪たのしい授業研究会」での山本正次《まさつぐ》さんの講演の記録です。その時，山本さんは〈「子どもがどう読むか」をたのしむ授業〉〈好きなところを取り出して思いを語る授業〉〈子どもを主体に，教師は聞く授業〉の例として，谷川俊太郎さんの詩〈だいち〉（『だいち』誠文堂新光社）を使った授業プランの話をしてくださいました。

山本さんの話を聞いていて，「このプランは，子どもたちがたのしんでくれそうな授業になりそうだ」と思い，そのあと私は，何回も授業をしてみました。すると，そのつど，子どもたちは自然や人間についてさまざまなことを考え，その思いを書いてくれました。

そこで，山本さんの講演記録のあとに，私の授業記録（130ぺ）もあわせて紹介させていただくことにしました。みなさんも，いちどこの〈だいち〉の授業をしてみませんか。　〔以上，段上和夫〕

講演記録(1994年)

「子どもがどう読むか」をたのしむ授業

山本正次

子どもを主体に，教師は聞く授業

今までは，「これは，こんなふうに読むんだよ」と，〈子どもにどう読むかを教える授業〉であったと思います。そんな授業ももちろん，「いらない」というわけではないのです。

そういう授業もいるけれども，それとは別に，思い切って，〈子どもがどう読むかをたのしむ授業〉ということを実験的にやってみたらどうだろうか，と考えています。この〈たのしむ〉のはだれか？　というと，まず教師自身です。子どもたちの〈読み〉に対して，新しい発見や驚きがあります。教師がたのしんだら，子どもたちもきっとたのしんでくれます。

子どもたちが，〈お話の好きなところを取り出して，自分の思いを語る授業〉ということです。「好きなところがありますか？」と聞いたあと，あったら「あなたは，このお話のどこが好きですか？」と〈思い〉を語らせます。

どちらも，うんと子どもを主体にして，教師は聞く立場に立ったかたちの授業です。「教えてやろう」ではなくて，「子どもたちが〈どのように読んだか〉を聞かせてもらおう」という姿勢を大切にしたいと思っています。

子どもたちは〈だいち〉が好き

子どもがどれくらい喜んでくれるか，このような授業の例として，谷川俊太郎さんの詩〈だいち〉を紹介したいと思います。この詩は，基本的にリズムがあります。4連からできていて，授業では，その一部分の文字をふさいで，子どもにそこに入る言葉を考えさせていきます。子どもたちは〈だいち〉の詩が好きです。こういうのが「好き」というのは，ふつう意外に思うのですけれども，子どもたちは「もう一度，読もう！」と言うのです。

ここには非常に一般的な日本語しか入っていないのです。しかもそれがピシャッと一致したら，何ともキチッとした詩になります。それが子どもたちに感じられて，好きになります。遠足に行ったら，「先生，もう一度読もう！」と，この詩を暗唱しながら歩いたといいます。よっぽど子どもたちは気にいったんでしょう。まずは第1連です。（□のなかにうまく入る言葉を考えながら続きを読んでください）

だいち　　谷川俊太郎

①　だいちのうえに　くさが□□
②　だいちのうえに　はなが□□
③　だいちのうえに　きは□□□
④　だいちのうえに　あめは□□

「くさが」だから，□には述語が入るんです。

原文　1　だいちのうえに　くさがはえ
2　だいちのうえに　はながさき
3　だいちのうえに　きはしげり
4　だいちのうえに　あめはふる

と，非常に平凡な言葉が入ります。こういうふうによく使われる言葉を使って，しかも地球の歴史というものをわれわれに感じさせるのです。次は第２連です。

⑤　だいちのうえを　□□はかけ
⑥　だいちのうえを　□□はとび
⑦　だいちのうえを　□□ははい
⑧　だいちのうえを　□□がふく

原文　5　だいちのうえを　うまはかけ
6　だいちのうえを　とりはとび
7　だいちのうえを　へびははい
8　だいちのうえを　かぜがふく

それから第３連です。

⑨　だいちのうえに　ひとは□□
⑩　だいちのうえに　□□をまき
⑪　だいちのうえに　いえを□□
⑫　だいちのうえ□　つかのまに

原文　9　だいちのうえに　ひとはたち
10　だいちのうえに　たねをまき
11　だいちのうえに　いえをたて
12　だいちのうえの　つかのまに

⑫は子どもたちには難しいかもしれません。第３連のここまでは「だいちのうえに」となっていたのに，ここだけ違います。「だいちのうえの」となります。「だいちのうえの　つかのまに」。

「つかのま」というのは，５～６年生だったら，辞書を引けばいいのです。ちゃんと書いてあります。「あっという間・一瞬」

のことです。手をグーにすると，ここ（親指以外の指４本分の幅）が「束（つか）」です。長さの単位です。

これが，１束，だから「つかむ」と言うでしょ。ここでは，「だいちのうえの　つかのまの何か」なのです。それは，「あっという間にすんでしまう人生」「束の間の人生」です。この詩の中で教えてやらないとわからないだろうというのは，ここだけだと思うのです。最後に第４連です。

⑬　だいちのうえで　□□□あい
⑭　だいちのうえで　□□□あい
⑮　だいちのうえで　たたかって
⑯　だいちのうえで　□□□ゆく

原文　13　だいちのうえで　あいしあい
　　　14　だいちのうえで　にくみあい
　　　15　だいちのうえで　たたかって
　　　16　だいちのうえで　しんでゆく

⑯だけは選択肢を二つにして，だいちのうえで〈死んでゆく〉のか〈生きてゆく〉のか。ここは論争になるそうです。

高槻市（大阪）の４年生の子どもたちはその論争で，河合雅雄さん（霊長類学者）が「命」について語ったことと，同じ意味のことを自分たちの言葉で言っています。河合雅雄さんの講演の概略を新聞記者がうまくまとめたものです。おととしの新聞です。

> 生態学者から見ると，あらゆる生物は二つの命を持っている。一つは個体が持つ命，つまり誕生し，成長し，死ぬ運命を負った命。もうひとつは種を担う命，つまり種が絶えないで続くという意味の永遠の命だ。個体は性によって新しい命

を生み出し，永遠の命に参加する。死とは，個体にとっていやなことだが，命の流れ全体からみれば再生を意味している。〔段上注：この文章は「新しい進化の段階の人類」と題する講演内容の一部分。『朝日新聞』1991年２月18日〕

高槻市の子どもたちは，〈死んでゆく派〉と〈生きてゆく派〉で真っ二つに分かれて論争した，その中に，河合さんの言っているような中身が出てくるんです。そういう記録を読んでいるとおもしろいです。谷川さんは「しんでゆく」なんですが，「いや，ボクは〈生きてゆく〉がいい」という子がいる場合は，谷川さんには悪いけれども，「ここを〈生きてゆく〉とさせてもらってもいいんだ」と，わたしは思います。

好きなところをとりだして語る

手元に高槻市の４年生，四條畷学園（大阪）の５年生，高知県の６年生に「あなたは，どこが一番好き？」「ここが好き。なぜかと言うと……」と発表してくれた記録があります。

４・５・６年生と並べてみると，取り上げているところがみな違うんです。高槻の４年生は先生が何も言わずに座っているままで論争を30分くらい続けたそうです。四條畷学園の場合は，全員〈死んでゆく派〉になったそうです。高知の６年生はさすが卒業前ですから，「ボクはここが好きだ。全体としては～」と，全体としての感想も言ってくれている子もあります。

まさに，この〈だいち〉を使うと，〈子どもがどう読むか〉〈好きなところを取り出して語る〉というのを，教師がたのしませてもらう授業ができそうに思います。　〔以上，山本正次〕

授業記録(1999年)

小学6年生と〈だいち〉の授業

段上和夫

＊卒業間近の子どもたちに向けて書いた記録（授業通信）です。

●小学校最後の授業〈だいち〉

卒業式は先生にとっても，みなさんとの最後の授業となります。ところが，卒業式まではみなさんへの「はたらきかけ」が先生にはできるのですが，卒業式当日はみなさんに対して，ほぼ何もできないといってよいでしょう。みなさん自身の卒業式だし，卒業式を作るのもみなさんだからです。

そこで，「先生がみなさんにはたらきかけられる〈最後の授業〉として，みなさんと何をしようか？」と思っていました。

先生が入っている研究会（仮説実験授業研究会）の仲間に山本正次さんという方がおられます。その人に以前，「6年生には，谷川俊太郎の〈だいち〉の詩の授業をするといいよ」と，〈よみかた〉の授業プランを教えてもらっていました。それを思い出し，「卒業前のみなさんにぴったりだな」と思いました。

＊　＊　＊

卒業式前日は，予行，お別れ会，通知票を渡すなど，どう考えても時間がありません。そこで，その前の日に〈だいち〉の授業をしようと思いました。1時間目は卒業式練習でした。練習が終わって教室にもどり，2時間目はさっそく〈だいち〉の授業です。限られた時間の中での授業となりましたが，笑いも起こり，今まで通りの授業の雰囲気で進んでいきました。

谷川俊太郎さんの〈だいち〉の詩は全部で16行で，全体が大きく４連のまとまりでできています。授業では，言葉の中のいくつかを□で空欄にしておき，その□にぴったり入る言葉を考えてもらいます。まずは一人で考えてみて，そのあとで周りの人たちと相談して考えました。連ごとに□にあてはまる言葉を発表し，同じ言葉を考えついた人が何人いるか集計をしました。そのあとで，「谷川さんの書かれた言葉を紹介し，みんなで連のまとまりごとに読んでいく」というのを繰り返しました。考えながら読み，読みながら考えていきました。〈よむ〉ことと〈とく〉ことを交互に繰り返していきます。

さて，みなさんが，「ぴったり入りそうだ」と思った言葉と，谷川俊太郎さんの詩の中の言葉が一致したり，しなかったりします。でも，それは「あたった」とか，「はずれた」というものではないように思います。確かに，谷川俊太郎さんの詩を使って授業は進めていますが，必ずしも谷川俊太郎さんの言葉が「正しい」というものではないと思うのですが，どうでしょうか。みなさんそれぞれが考えた言葉で，あなたにとっての「だいち」という題の詩にもなってよいと思うのです。（谷川さんには悪いかもしれませんが……）

●授業の流れは

では，第１連から，みなさんがどんな言葉を思いついたのか，授業をもういちど振り返ってみたいと思います。

◆第１連◆

①だいちのうえに　くさが□□

翔太君「はえ」……計17人／勇樹君「ある」……12人

望美さん「のび」……３人／孝大君「ちり」……２人

②だいちのうえに　はなが□□

香名さん「さく」……22人／良之君「さき」……８人

勇樹君「ある」………２人／孝大君「かれ」……２人

③だいちのうえに　きは□□□

充洋君「のびる」……12人／望美さん「そだち」……７人

佳菜さん「めばえ」…６人／翔太君「そだつ」………５人

廣樹君「たおれ」……２人／孝大君「くさり」………１人

勇樹君「ないよ」……１人

④だいちのうえに　あめは□□

悟君「ふる」…………25人／公人君「ふり」……６人

勇樹君「ある」………１人／孝大君「しぬ」……１人

望美さん「おち」……１人

谷川さんの書いた第１連を，みんなで読んでいきました。

（題名→作者名→第１連，の順で）

◆第２連◆

⑤だいちのうえを　□□はかけ

友紀さん「ひと」…15人／望美さん「うま」………11人

公人君「ろば」……２人／雅城君「やぎ」…………１人

勇樹君「ぶた」……１人／麻彩子さん「くも」……１人

廣樹君「かぜ」……１人／祐子さん「とき（時）」…１人

「？」……１人

⑥だいちのうえを　□□はとび

里美さん「とり」……30人／公人君「へび」……１人

勇樹君「はえ」………１人／雅城君「のみ」……１人

廣樹君「あり」………１人

⑦だいちのうえを　□□ははい

千恵美さん「むし」……18人／亜紗美さん「へび」……10人

祐子さん「つた」………２人／廣樹君「かげ」………２人

雅城君「あり」………１人／友紀さん「ひと」………１人

⑧だいちのうえを　□□がふく

あさみさん「かぜ」………33人／公人君「とり」……１人

谷川さんの書いた第２連を，みんなで読んでいきました。

（題名→作者名→第１連→第２連，の順で）

◆第３連◆

さて，12行目の「だいちのうえ□　つかのまに」の□には，「に」以外の言葉が入ります。そのあとに続く「つかのま」という言葉は，ちょっと立ち止まって考えてみました。

「束（つか）」というのは，手をグーにしたときの，指４本分（親指以外）の幅のことです。だから，「つかむ」という言葉があります。

〈つかのま〉というのは，この「束《つか》」ほどの「間《あいだ》〔時間〕」のことで，「アッと言う間」とか「一瞬」ということです。そんなことも考えに入れて，第３連を考えていきました。

⑨だいちのうえに　ひとは□□

祐子さん「いき」……11人／礼生君「たち」……９人

望美さん「たつ」……５人／良之君「すみ」……４人

千恵美さん「いて」…２人／翔太君「もえ」……１人

公人君「ねて」……１人／孝大君「うえ(飢え)」……１人

⑩だいちのうえに　□□をまき

麻彩子さん「たね」……27人／翔太君「つば」………２人

悟君「いと(糸)」………１人／望美さん「くも(雲)」…１人

雅城君「かね(おかね)」…１人／公人君「ごみ」…………１人

孝大君「かみ（紙）」…１人

⑪だいちのうえに　いえを□□

友紀さん「たて」…30人／公人君「うり」……１人

雅城君「おく」……１人／孝大君「やき」……１人

廣樹君「さす」……１人

⑫だいちのうえ□　つかのまに

千恵美さん「で」…11人／祐紀さん「の」……８人

孝大君「は」………８人／望美さん「が」……４人

公人君「を」………３人

この「つかのま」には，書かれていませんが，続く言葉がありそうです。「大地の上で，あっと言う間に終わる何か，とは何だと思いますか」とたずねると，

廣樹君「休み」／孝大君「生活」／麻彩子さん「できごと」

友紀さん「時間」／公人君「間(ま)」

と答えてくれました。谷川さんはどんなことを考えているのでしょうか。その前の行までに書かれていること……「大地の上で，あっという間に終わってしまう人生」というようなことを言っているように思うのですが（子どもたち：「おお～」），どうでしょうか。

谷川さんの書いた第３連を，みんなで読んでいきました。

（題名→作者名→第１連→第２連→第３連）

◆第４連◆

⑬だいちのうえで　□□□あい

翔太君「あいし」……27人／公人君「あそび」……５人

孝大君「あさり」……２人

⑭だいちのうえで　□□□あい

千恵美さん「たすけ」…11人／悟君「ころし」………５人

望美さん「わらい」……５人／孝大君「なぐり」……３人

由美子さん「はなし」……３人／友紀さん「みつめ」……２人

佳菜さん「いやし」……１人／公人君「けられ」……１人

祐子さん「にくみ」……１人／雅城君「にらみ」……１人

廣樹君「さけび」………１人

ここでは，「殺す」「憎む」「にらむ」「なぐる」「ける」「叫ぶ」など，どちらかというと人間の持つマイナス面の言葉を考えた人たちと，反対に「助ける」「笑う」「話す」「見つめる」「いやす」など人間の持つプラス面を考えた人たちに大きく分かれました。

これらの考え方が残りの２行にもかかわってきます。

⑮だいちのうえで　たたかって

⑯だいちのうえで　□□□ゆく

礼生君「いきて」………19人／良之君「しんで」……10人

勇樹君「まけて」………１人／望美さん「おわり」…１人

祐子さん「つきて」……１人／公人君「ちって」……１人

翔太君「もえて」………１人

出た意見を大きく二つにわけるとすると，「大地の上で生きてゆく」のか，「大地の上で死んでゆく」のかの二つとなります。谷川さんは，ここでは〈生きて〉か〈死んで〉のどちらかを書いています。「どちらだと思いますか。何か意見のある人はいませんか」とたずねました。

望美さん：（死んで）生き物は最後はいつも死ぬから。

公人君：（死んで）何か争いが起これば，それによって死んでいく人が絶対いるから。

ここでもう一度，「生きて」か「死んで」かのどちらだと思うか，たずねました。

すると，「死んで…… 17人／生きて…… 17人」とクラスの人数のちょうど半分ずつに予想が大きく分かれました。どちらも「もっともだなあ」と思えます。

じつは，谷川さんは「だいちのうえで　しんでゆく」としています。だけど，〈死んでゆく〉でも〈生きてゆく〉でもどちらでもいいと思うのですが，どうでしょうか？　あなたの〈だいち〉が考えられればいいと思うのです。

谷川さんの書いた〈だいち〉全文を，みんなで読んでいきました。（題名→作者名→全文）

この授業では，自分の持つ「だいち」のイメージを発表してもらいました。みなさんのうまく当てはまる言葉を聞いていて，「なるほど，ぴったりの言葉だな」と感心させられました。どれをとっても詩にあうものです。そして，みなさんの発想の豊かさを感じました。

●すきなところがありますか

ここまでで時間がきてしまいましたが，次の時間の始めに〈だいち〉の感想を書いてもらいました。「好きなところがありますか。あればどこですか。どうして好きなのかも，できれば教えてほしい。また〈詩全体〉で思ったこともあれば」ということで書いてもらいました。時間的に余裕があれば，〈好きなところを語り合う〉ところまでしたかったのですが，それができませんでした（たっぷり２時間とればできたでしょうが……）。

そこで，それぞれの子がどんなことを感じたのか，その思いを一部紹介することにします。

■２行目の「だいちのうえに　はながさき」がいいと思う。なぜかというと，それは平和だからと思うからです。（翔太）

■おもしろかったところは，第２連でした。自然を想像できるからです。（祐紀）

■〈だいち〉という詩の勉強で，□の中に言葉を入れていくのをしました。好きなところは「だいちのうえに　はながさき」と，「だいちのうえを　とりはとび」です。その理由は，大地には花が咲き，鳥が飛んでほしいからです。花はきれいだし，とっても好きです。また詩をしたいです。（あさみ）

■「だいちのうえの　つかのまに」が好きです。「〈つかのま〉というのは，〈一瞬にして〉」みたいなことを先生が言っていて，「ああ，一日は一瞬にして終わるねんなあ」という意味にとりました。この詩は大好きです。（望美）

■〈だいち〉という詩はちょっと好きです。特に「だいちのうえにたねをまき」が好きです。どうしてかはわかりません。楽しかったです。こういう授業もたまにはいいです。（秀望）

■〈だいち〉を読んで，いいところは「だいちのうえに　ひとはたち」です。言葉をあてはめるのはまちがったけどたのしかったです。（翔）

■好きなところは，「だいちのうえで　あいしあい」です。ここまでは，ほとんど自然についてだったけど，この連は人に関することだから。それに，人が愛することは，とっても大切だと思った。（千恵美）

■この詩を読んで，なんとなくさびしいような感じがしました。特に最後のところで，「にくみあい・しんでゆく」とずばり言っているところは，「よくそんなにはっきりと書けるな」と思いました。（祐子）

■この詩を読んで，大地はとてつもなく広大で，いいなあと思った。大地に比べれば，人や生物は小さい……。なんだか，人間は小さいなあと思った。でも，授業はおもしろかった。（麻彩子）

■この詩を読んで，大地が育っているように思えた。それは，植物→人間以外の動物→人間→人間の仕組みのようにどんどん進化しているからです。この詩はすばらしいと思った。（孝大）

感想を読んでいくと，第１連では植物，第２連では動物のことについて書かれていて，自然を想像した人がいました。第３連では人間の人生についてまで思いが広がっていった人がいました。

第４連では，人間がどのようにして生きているのかについて考えた人がいました。また，全体を通して，「大地」「人」……について，今まで思ってもみなかったことを考えた人がいました。

「それぞれの子が，それぞれに〈思ったこと・感じたこと〉を大事にしてくれればいいなあ」と思います。

〔おわり〕

授業プラン

〈カタカナとひらがな〉

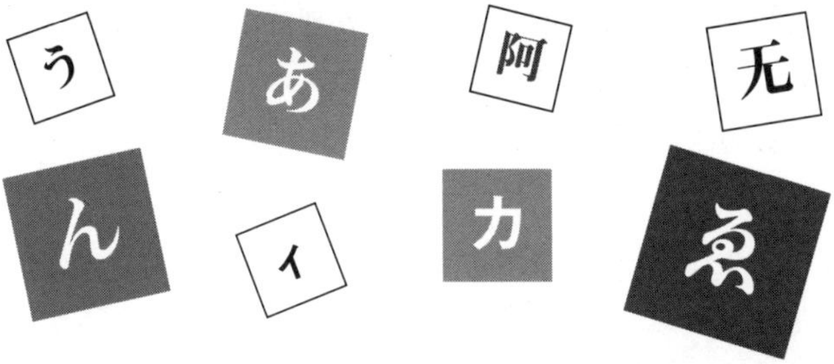

伊藤善朗　愛知・小学校

このプランは，カタカナとひらがなの成り立ちを知らせることを目的にしたものです。

小学生では，漢字とカタカナとひらがなの三つの中では，ひらがなが一番はじめにできたと考える子が少なくありません（一番はじめに習うからでしょう）。また，中学生でも，「片仮名」と「平仮名」の語源を知っている生徒はほとんどいません。子どもたちにとっては，身近な文字であるカタカナとひらがなの知られざる歴史を学べるというのが，このプランの大きな魅力のようです。

〈カタカナとひらがな〉の授業のやり方

①プリント（141ぺ～155ぺ）は１枚ずつ子どもに配ります。

＊No.13・14（おはなし２）はいっぺんに。

②No.１のプリントでは〈予想の分布〉をきちんと黒板に書いて

あげてください。

③No.2（おはなし1），13・14（おはなし2）などの〈おはなし〉のプリントは，教師がゆっくりと読んであげる方がよいでしょう。それ以外の〈問題〉や〈作業〉についても，子どもに読んでもらったあとには，やり方が理解できたかどうかをていねいに確認してあげてください。

④授業後の感想は必ず書いてもらってください。

中学2年生でこのプランを実施した時は，全体がちょうど1時間でおさまりましたが，小学生ではもう少しゆっくりの方がいいかもしれません。わーっと討論が盛りあがるようなハデなところはありませんが，淡々とした中にも「いい勉強をしたな」という満足感を与えてあげることのできるプランです。中学2年生の反応については，後に載せておきますので参考にしてください。

参考文献

・宮内浩二〈片仮名と平仮名〉
・大島建彦『日本を知る事典』（社会思想社）
・『大日本百科事典　ジャポニカ』（小学館）
・『広辞苑』（岩波書店）

カタカナとひらがな

〈質問〉

あなたはカタカナとひらがながどのようにしてできたかを知っていますか。カタカナとひらがなは現在日本で広く使われていますが，日本と同じように漢字を使っている中国などではどうでしょう。中国や韓国，北朝鮮でもカタカナやひらがなは使われているでしょうか。

ア．日本と同じくらい使われている。

イ．少しは使われている。

ウ．まったく使われていない。

エ．その他（　　　　　　　　）

正しいと思う答えの記号を○でかこんでごらんなさい。そう思った理由があれば，みんなで出し合ってみましょう。

〈おはなし1〉

今から数千年も前に中国で作られた「漢字」という文字は，朝鮮半島に広まり，海を越えて日本にも伝わりました。漢字は現在でも，中国や日本で使われています。ところが，「カタカナ」と「ひらがな」という文字は日本だけのもので，中国や韓国・北朝鮮ではまったく使われていません。

実は，「カタカナ」と「ひらがな」は漢字をもとにして日本人がつくりあげた文字なのです。遠い昔，自分たちの文字を持っていなかった日本人は，中国から伝わってきた漢字だけを使って日本語を書きあらわしていました。しかし，中国語と日本語はもともとぜんぜん別のことばなので，漢字だけを使っていたのでは，日本語を書くのに不便だということになり，しだいに漢字を日本語に合うような形につくりかえていったのです。

こうしてできあがった文字が「カタカナ」と「ひらがな」というわけです。では今から，漢字がカタカナやひらがなに姿を変えていったようすをちょっとのぞいてみることにしましょう。

資料1．中国語の文例

朋友们，我以上谈到的这三种花你一定都很喜欢吧。是啊，我和大家一样，非常喜欢这些能够代表我们两国国性的鲜花，但是我从心底里更加珍视和热爱的是开放在我们两国人民心上的友谊之花！

資料2．韓国語（ハングル）の文例

신림동에 가는 버스는 어디서 탑니까?
아, 신림동이면 저기 보이는 큰 빌딩을 지나서 한
십미터쯤 가시면 그리 가는 버스를 타실 수 있어요.

まずはカタカナからです。漢字からカタカナの「ア・イ・ウ・エ・オ」ができあがっていくようすを見てください。

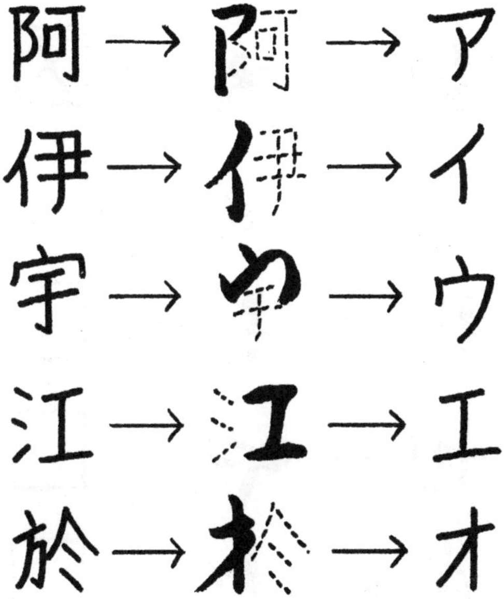

漢字のある一部分をとりあげてカタカナにしていることがわかるでしょう。では次は，ある漢字からどのようなカタカナができていったかを自分で予想してみることにしましょう。

〈問題1〉

次の漢字からは，どのようなカタカナが生まれたと思いますか。あなたの予想を右の四角の中に書いてごらんなさい。

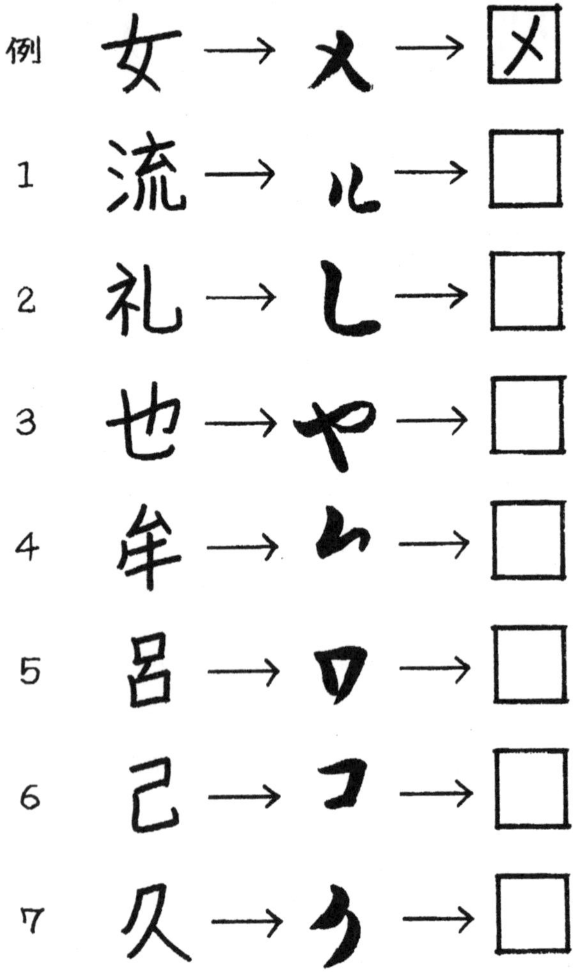

〈問題2〉

今度は逆に，そのカタカナのもとになった漢字を予想してみましょう。点線で囲まれた○の中には，カタカナになる時に消えた部分があります。□の中に元の字を書いてみましょう。

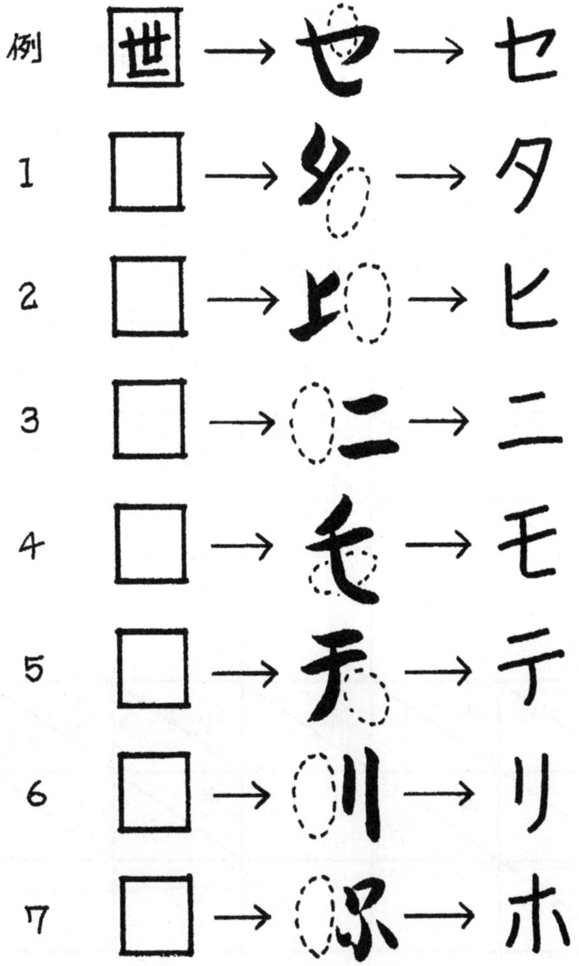

〈作業１〉

左上の漢字と見くらべながらカタカナ48文字を書き入れ，下の表を完成させましょう。(「ヰ」と「ヱ」は現在は使われていません)

阿	伊	宇	江	於
加	幾	久	介	己
散	之	須	世	曽
多	千	川	天	止
奈	仁	奴	祢	乃
八	比	不	部	保
万	三	牟	女	毛
也		由		与
良	利	流	礼	呂
和	井 ヰ		恵 ヱ	乎
尓				

〈研究問題１〉

つぎの文の漢字を全てカタカナに直し，下に書いてごらんなさい。なんと書いてるのかわかりますか？（前のプリントの表を見てもかまいません）

（1）幾乃宇　八　阿女。

（2）三尓奈　加散乎　散之万之多。

（3）阿之多　八　久毛利。

（4）己止利多千　八　祢牟利万須。

（5）散伊多　散伊多　己須毛須　散伊多。

では，今度はひらがなです。漢字からひらがなの「あ・い・う・え・お」ができあがっていくようすを見てください。

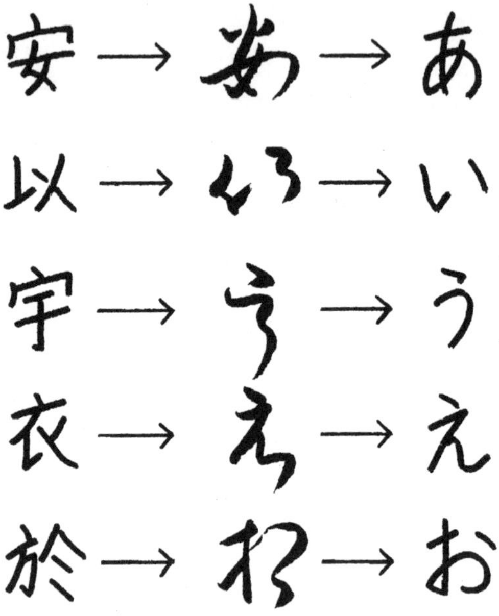

ひらがなの場合は，カタカナのように漢字の一部をとりあげるというのではなくて，漢字全体をくずして書いていく中でできあがってきたことがわかります。また，ひらがなのもとになっている漢字は，カタカナと同じものもあるし，ちがうものもあります。

では次に，ある漢字からどのようなひらがながてきていったかを自分で予想してみることにしましょう。

〈問題３〉

次の漢字からは，どのようなひらがなが生まれたと思いますか。あなたの予想を右の四角の中に書いてごらんなさい。

例　末 →  → ま

1　計 →  → □

2　寸 →  → □

3　乃 →  → □

4　不 →  → □

5　美 →  → □

6　奴 →  → □

7　幾 →  → □

〈問題4〉

今度は逆に，そのひらがなのもとになった漢字を予想してみましょう。これは少しむずかしいので，先生にヒントを出してもらいましょう。

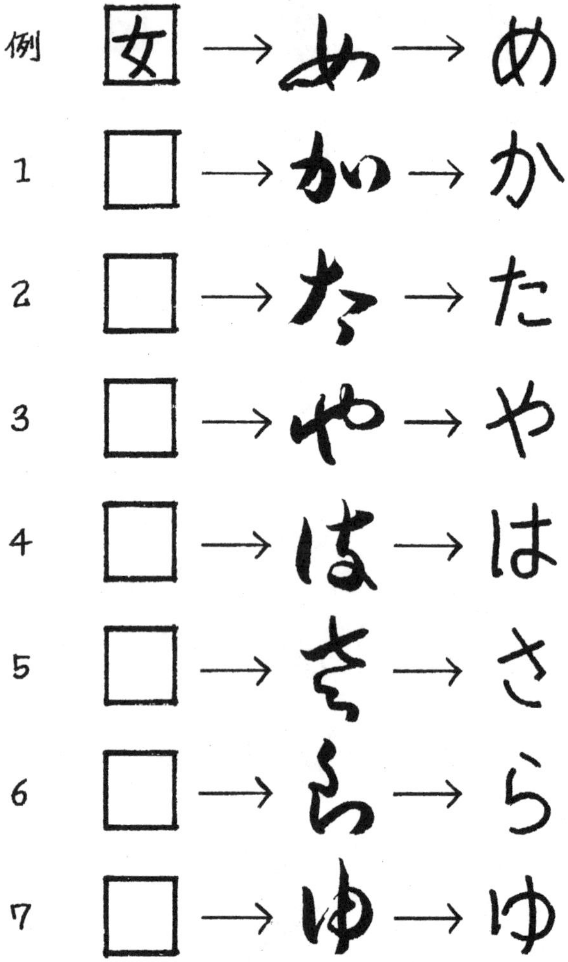

〈作業2〉

左上の漢字と見くらべながら，ひらがな48文字を書き入れ，下の表を完成させなさい。(「ゐ」と「ゑ」は現在は使われていません)

安	以	宇	衣	於
加	幾	久	計	己
左	之	寸	世	曽
太	知	川	天	止
奈	仁	奴	祢	乃
波	比	不	部	保
末	美	武	女	毛
也		由		与
良	利	留	礼	呂
和	為 ゐ		恵 ゑ	遠
无				

〈研究問題２〉

次の文の漢字をすべてひらがなに直し，下に書いてごらんなさい。何と書いてあるかわかりますか？（前のプリントの表を見てもかまいません）

（1）和太之　波　安奈太　遠　安以之天留。

（2）安奈太　毛　和太之　遠　安以之天留。

（3）不太利　波　己宇衣无　遠　安留幾末寸。

（4）天　止　天　遠　川奈以天　安留幾末寸。

（5）知以左　奈　己以　乃　毛乃加太利。

〈おはなし２〉

カタカナを漢字で書くと「片仮名」となります。また，ひらがなを漢字で書くと「平仮名」となります，どちらにも「仮名」ということばがつきますが，これにはどのような意味があるのでしょうか。

「仮名」の中の「仮」という字には，〈まにあわせの〉〈本当でない〉といった意味があります。また「名」には〈文字〉という意味があります。つまり「仮名」というのは〈もともとはこのような形ではないが，まにあわせでこうして書く文字〉という意味なのです。これに対して，もともとの字である「漢字」のことを昔は「真《ま》名《な》」とも呼びました。こちらは真の文字，つまり〈本当の文字〉ということになります。

さて，「片仮名」の「片」という字には，〈片方〉〈一部分〉という意味があります。つまり，〈漢字のある一部分をとってつくった仮名〉というのがその意味です。歴史的に見ると，片仮名は漢字ばかりの中国語の文章を日本語風に読みかえる時に，それが読みやすいように，漢字の横に送り仮名としてちょっと書きそえた略字（かんたんにした文字）や記号がもとになってできたようです。

一方，「平仮名」の「平」という字には，〈かんたんな〉〈やさしい〉という意味があります。つまり，〈漢字をかんたんな形にくずしてつくった文字〉というのがその意味です。平仮名は，奈良時代に使われていた「万葉仮名」と呼ばれる漢字（『万葉集』を書くのに使われている漢字）をしだいに書きくずし，当時の女性の好みに合うような，やわらかでやさしげな形につくられていきました。

カタカナとひらがなは，平安時代にはほぼ今の形にできあがっていたようです。そのころは，主に男性は漢字（とカタカナ）を使い，女性はひらがなだけを使うといったような使い分けもあったようですが，やがてそのような習慣もなくなり，しだいに現在のように仮名と漢字を適当にまぜながら文章を書くようになりました。

ところで，現在の日本では，どちらかというとひらがなが中心で，カタカナは外来語や擬音語（音をあらわすことば）くらいにしか使いませんが，第二次世界大戦以前の日本では，文章がカタカナと漢字だけを使って書かれることもよくありました。機会があったら，古い時代に書かれた教科書や書物などを見てみるのもよいでしょう。（下の資料３を見てください。大正時代に日本で発行された本です）

資料3. カタカナと漢字だけの文例

近來統計法ニ關スル興味著シク普及シ,其ノ應用ハ廣ク社會,人口,財政,經濟,產業等ノ方面カラ生物,醫學,心理,敎育ノ方面ニマデ及ンデ來タ. コレハ極メテ至當ナコトデアツテ,遠カラザル將來ニ於テ,統計法ハ一般人ノ常識トナルベキモノ,否,常識トナラネバナラヌモノト,私ハ確信スル. 本書ハ其ノ機運ヲ促ガサンガ爲メニ,生レタモノデアル[1].

併シナガラ斯學ノ專門家ニアラザル著者ガ,敢テ本書ヲ起稿スルニ到ツタ所以ハ,他ノ大ナル理由アレバデアル.

カタカナとひらがな の勉強は……

5．とってもたのしかった。

4．まあまあたのしかった。

3．たのしくもつまらなくもなかった。

2．ちょっとつまらなかった。

1．すごくつまらなかった。

（5～1の中から1つ選んで○をつけてください）

下の四角のなかに，あなたの感想を書いてください。たくさん書いてくれるとうれしいです。

年　　組　　番

どうもありがとう！

子どもの評価と感想

1986年10月9日に幸田中学校（2年3組）の生徒たちにこの授業を実施しました。その時の結果は次の通りです。（男21人　女20人　計41人）

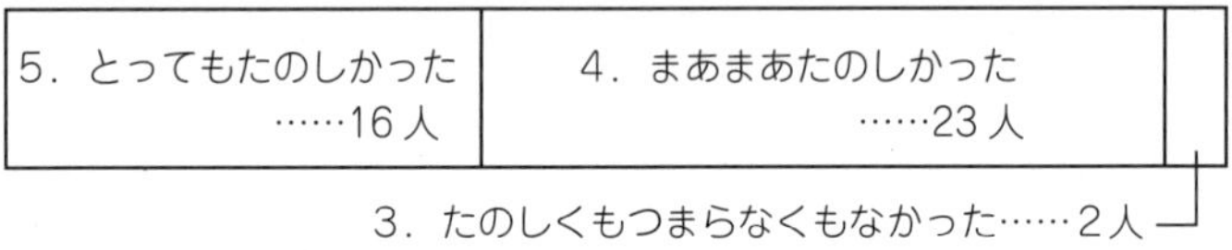

○もとになる漢字の一覧表は見たことあるけど，興味なかった。でも今日はたのしく勉強できた。興味のないことでも，やり方しだいでやる気になるんだなあと思った。（4．山崎小夜合）

＊このプランの方法論の確かさが確認できるようで嬉しくなりました。

○とってもおもしろかった。すごくためになったと思う。今度は漢字ばっかりで友だちに手紙かこうかな！　でも先生，スペシャル授業をつくってくれるのはうれしいけど，**於加良太　波太以世川　仁　之天久太左以称**（5．松田美咲）

＊「前の晩2時までかかってつくったぞー！」とぼくがひとこと言ったので，こんな感想を書いてくれました。こんなの読んだら，たのしい授業はやめられません。

●第二次世界大戦以前は，カタカナと漢字だけで文が書かれたこともあったとは，とても意外だった。今ではひらがなと漢字ばっかりで，カタカナはほとんど書かれていないので，世の中は変わったなあと思う。（5．菅沼智仁）

＊〈おはなし2〉がよかったという感想がいくつかありました。自分でも気に入っていた部分なので，とてもうれしかった。

●昔の文を見ていると，ほとんど読めないと思うけど，今日の授業で読めるようになりそうです。とってもたのしかったです。

（5・加藤邦人）

＊このプランの目的のひとつに，古文に対するアレルギーを少しでもへらす，というのがあります。そのねらいもまんざら的はずれではなかったようです。

なお，〈おはなし1〉と〈おはなし2〉のプリントの余白に資料のコピーを入れるようにすすめてくれたのは西尾仮説サークルのみなさんです。本を貸してくれた長坂正博さんと松崎重広さん，どうもありがとう。サークルの10月例会で発表した時にも，ぼくのプランとしては珍しく好評だったのですが，ぼく自身としても，ことばあそびでない，やや本格的な国語のプランができたということがなによりもうれしいことでした。

このプランのもととなった資料〈片仮名と平仮名〉をプレゼントしてくれた千葉の宮内浩二さん，本当にありがとうございます‼

〈問題の解答〉

〈1〉ル・レ・ヤ・ム・ロ・コ・ク

〈2〉多・比・仁・毛・天・利・保

〈3〉け・す・の・ふ・み・ぬ・き

〈4〉加・太・也・波・左・良・由

（初出 No.377，11・4）

予想しながら読む「みかんの木の寺」

●小学３年生でたのしい「よみかた」の授業

佐竹重泰 東京・小学校

●気軽に予想しながら読む授業

岡本良雄さん（1913～1963）作「みかんの木の寺」という短いお話があります。山本正次さん（故人）の『よみかた授業書案集１』（キリン館）の中には，そのお話を使った〈読み方授業書案〉があります。いったいどんな話なのでしょう。僕のクラスの子どもたち（３年生）の授業の様子とともに紹介しますので，ちょっとおつきあいください。

黒板に**「みかんの木の寺」**と書いてからプリントを配りました（子どもたちに配ったプリントは縦書きです）。

> みかんの木の寺
>
> おかもと・よしお
>
> 学校へ行く道に，お寺がありました。
>
> ほんとうは，とてもむずかしい名前でしたが，町の人たちは，

「みかんの木の寺」とよんでいました。門を入ったところに，大きなみかんの木が一本あったからでした。

それは，五月のおわりごろのことでした。

いちろうたちが，学校の帰りに，このお寺の前を通りかかったとき，

「おや，いいにおいがする。」

三次が，はなをクスンクスンさせました。

「ほんとだ，ほんとだ。」

いちろうもまさおもきよしも，みんなまねをして，クスンクスンとはなを鳴らしました。あまいようなすっぱいような，なんともいえないいいにおいが，気もちよくはなのおくをくすぐりました。

「ああ，あのみかんの花のにおいだよ。」

いちろうがいいました。見ると，門の中のみかんの木に，白いみかんの花がいっぱいさいているのです。こんなにたくさんさいているのに，どうしてきのうまで気がつかなかったのか，ふしぎなくらいでした。

「もうすぐ，この花が，みんなみかんのみになるのだね。」

と，三次がいいました。

「いつ。」

「もうすぐ。」

「もうすぐって，いつさ。」

と，まさおやきよしがききました。

「秋になったら。」

「いいなあ，早く秋にならないかなあ。」

「そしたら，とって食べてやろう。」
と，みんなは思いました。みんなは，ゴクリとのどを鳴らして，つばをのみこみました。

秋になりました。

みかんの木には，青いみかんのみがたくさんなりました。

毎日，少しずつ大きくなりました。

「すごいぞ。」

「どうだろう。まだすっぱいかな。」

ある日，こういって，いちろうたちが，この木の下にあつまりました。

「とってみようか。」

「うん。」

いちろうが，そっと手をのばしました。

「こらっ。」
と，そのとき，大きな声がして，本堂《ほんどう》のしょうじがガラッとあきました。お寺のおしょうさんが，うでまくりをして，つっ立っていました。

みんなは，ばらばらとにげました。

そのつぎの日も，みんなは，またみかんの木の下にあつまりました。すると，木のえだに，ボール紙のふだが下がっていました。

「みかんをとるな。まだすっぱいぞ。」

ここまで僕が読んでいる間，子どもたちは，シ～ンとして聞いていました。そして，３年生の子どもたちにとっては難しい言葉がいくつかあると思ったので，子どもたちにたずねてみました。

僕「〈お寺〉ってみたことある？　この辺りにはあるの？」

山本君「あるよ。陵北公園の横にあるよ」

内尾さん「長平寺っていうお寺が家の横にあるよ」

海野さん「おばあちゃんの家に行ったとき，近くにあったよ」

原中君「前に住んでいた所に公園と一緒になったお寺があった」

３年生の子どもたち，なんとなく〈お寺〉というイメージはわくようです。

僕「〈本堂〉っていうのはね，簡単に言うとお寺の真ん中にある建物のことだね。それから，みんなは〈障子〉ってわかるの？」

すると，教室の中からは，「分かる，分かる」とか，「家にもあるよ」などの声が聞こえてきます。そこで，簡単に〈障子〉の説明をしてから，次の５，６ページを配りました。

> ボール紙には，こう書いてありました。
>
> 「おしょうさんが書いたのだな。」
>
> みんなは，顔を見合わせてわらいながら，こそこそとかえりました。
>
> それから，またそのつぎの日に行くと，
>
> 「あと，四，五日だ。まだとるな。」
>
> と書いてありました。そこで，みんなは，ほんとうに四，五日まちました。
>
> そして，とうとう，
>
> 「あすまでおまち。あと一日だ。」
>
> みかんの木に，こんなふだがかけられたつぎの日のことでした。

いちろうたちは，みんなでそろって，お寺の門を入っていきました。

【しつもん】

みんなが門を入っていったら，みかんはどうなっていたと思いますか。

ア．みかんの木の下におしょうさんがまっていて，「さあ，おあがり」とむかえてくれた。

イ．また，ボール紙のふだが木にかけてあって，「よくしんぼうしたね。なかよくおあがり」と書いてあった。

ウ．そのほかの考え。

ここで，ちょっと予想してもらいました。

子どもたちの予想

ア……８人　イ……16 人　ウ……７人

「この質問はとっても難しくて，カンでしか答えられないんだけど，もし，選んだ理由とか言える人がいたら手を挙げてください」という僕に，教室の中では何人かの子どもたちが手を挙げてくれました。

そこで，まず少数派のウを選んでいる子どもたちに，「みかんがどうなっちゃったと思うか」ということを中心にして言ってもらいました。

中島君「みかんは，おしょうさんが全部食べちゃったと思う」

〈おしょうさんが食べちゃった〉っていう，予想外の意見が出て来て，教室の中には，アハハハ……という笑い声がおこります。

片杉さん「中に入ったら，また，〈あと一日待て〉とふだに書いてあったと思う」

山下さん「〈こら！　食べるな！〉って書いてあったと思う」

みんな面白いな。どれもありそうだなぁ～。

さらに，子どもたちの予想は続きます。

本間君「〈あと一日，あと一日……〉と，ずっと続くと思う」

吉野君「〈まずい〉って，ふだに書いてあったと思う」

内尾さん「みかんの実は和尚さんが全部食べて，木は切られてなくなっていたと思う」

沼原さん「町の人も集まってみんなで食べていたと思う」

う～ん，みんな想像力がたくましいなぁ～。本当に，よく思いつくなぁ。

続いてアの子どもたちは，予想を選んだ理由をこんな風に発表してくれました。

谷鍋さん「和尚さんが優しそうだから，アにした」

池山さん「実は，みかんの実があまりなっていなくて，かわいそうに思った和尚さんがわざわざ出てきて，〈しんぼうしてえらかったね。食べなさい〉と言ったと思うからアにした」

山家さん「和尚さんが，みかんを先に食べたらおいしくなかったら，かわいそうに思ってわざわざ出て来たと思うからアにした」

――こんな風にアの子どもたちが発表している最中も，イの子どもたちは言いたくてしょうがないのか，ずっと手を挙げて待っています。

そして，やっとイの子どもたちの発表になりました。

入谷さん「今の子どもたちなら食べちゃう可能性があると思うんだけど，この話に出て来た子どもたちは食べるのを待って我慢したからご褒美みたいな感じにしたと思うからイだと思う」

成山君「また，和尚さんが出てくると怒るみたいな感じになるから……。子どもたちは，食べないで我慢したんだから，もう怒る必要はないからイだと思う」

もっと，さらりと授業を進めようと思っていたのに，子どもたちって，僕の予想以上にいろいろなことを考えるんですね。びっくりしました。

さて，続きの７ページを配ります。

> ところが
> 「あっ。」
> と，みんなは，思わず声を立てました。みかんがないのです。きのうまで，あんなにたくさんなっていたみかんのみが，きょうは，もう一つもないのです。
> 「おしょうさんにだまされた。」
> と，いちろうがいいました。
> 「ほんとにうまくだまされた。」
> と，三次も，ぷんぷんおこっていいました。
> すると，そのとき，

「おや，あれは。」

まさおときよしが，みかんの木の下においてある大きなかごを見つけて，走っていきました。

「なんだ，なんだ。」

僕が「なんだ，なんだ」というところまで読み終わって，その続きがないことに気がついた子どもたちは，「え〜〜〜〜〜〜！」という声をあげました。

「え〜！　早く続きが読みたい！！」「やっぱり，みかんは，和尚さんが全部食べたんだ！」など，教室の中はもう結末が知りたい子どもたちのつぶやきでいっぱいです。

そこで，8ページを裏返しにして配ります。

「あっ，みかん。」

かごの中には，大きくて黄色いみかんが，たくさんありました。そして，その上に，紙が一まい。

「おいしくなったよ。みんなでおあがり。ぬすんで食べたら，すっぱいすっぱい。

みかんの木の寺のおしょう」

と書いて，風がふいてもとばないように，四すみを四このみかんでちょこんとおさえて，おいてありました。

「おやおや。」

と，もういちどおどろいて本堂《ほんどう》の方をふりむくと，おしょうさんはるすなのか，白いしょうじがきちんとしまっていて，しょうじの上には，ひさしのかげが長くのんびりうつっているだけでした。

読み終わったところで僕は，「正解は〈みかんはかごに手紙と一緒に入っていた〉なので，ウが正解です。ただし，ズバリ正解の人はいませんでしたね。難しい問題でした」と言って，授業を終わりました。

●子どもたちも歓迎してくれた「みかんの木の寺」

ここまでで約15分。最後に，子どもたちに評価と感想を書いてもらいました。3年生の子どもたちの評価と感想は以下のような感じでした。

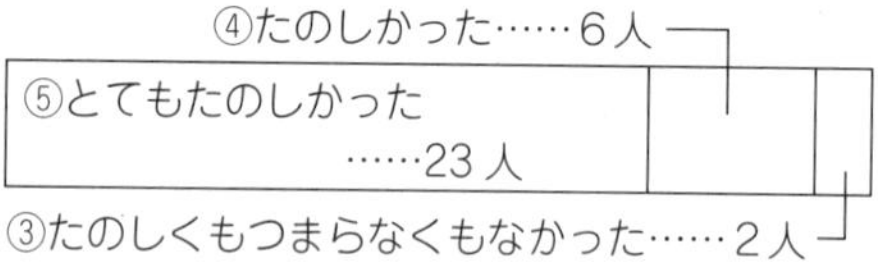

■私は⑤にしました。なぜかというと，このお話はどうなるだろうと思いながら読めるからです。　上田かな⑤

■おもしろかった。みかんがおいしそうだった☆あのおしょうさんは「やさしいんだなぁ～」と思った。自分もみかんが食べたくなってきた♡　下藤香蓮⑤

■このお話はドキドキしますねぇ～。　佐々木聖菜⑤

■おしょうさんはこわいと思ってたけど，ほんとうはやさしいおしょうさんなんだ，と思いました。　加藤啓太⑤

■たのしかった。おしょうさんはやさしい人。　小山遥⑤

■おもしろかった。次は他のも読みたい。　田倉葵⑤

■おしょうさんは最初は怖いと思っていました。だけど最後はとてもおもしろかったです。先生，他の話も紹介してください。　杉下茉椰⑤

ほとんどの子どもたちが，このお話を楽しんでくれたようなので，僕はホッとしました。

ところで，このお話を紹介してくださった山本正次さんは，先ほど紹介した著書の中でこんな風に書かれています。

> 授業の中の子どもを見ていると，この作品を読み進めていくうちに，ほとんどの子どもが，この「みかんの木の寺」の和尚さんは，やさしい人だな……と感じるようである。うでまくりをして，「こらっ」と怒鳴ったりして，ちょっと怖そうだけれど，本当は優しい人なのだという。そしてそのうちに「面白い和尚さんだ」と付け加える子どもが，数は多くないが必ずいるようである。そしてそれを聞くと，他の子どもも「そうだ，そうだ」と同意する。
>
> なるほどと思う。子どもというものは「面白い人」が好きなのである。まじめ一方でカチカチの大人よりも，この和尚さんのように，自分たちをびっくりさせてくれる大人の方に人間的魅力を感じるのであろう。もちろん，最後にちゃんとみかんを食べさせてくれる好意があればこその話ではあるが，同じ食べさせてくれるにしても，この和尚さんのようなやり方に，子どもは自分と世界を共にしてくれるものとして，共

感をおぼえるのであろう。だから，みごとに，和尚さんにいっぱい食わされておりながら，その自分たちの姿におかしさがこみあげてくる。和尚さんのたくまざるユーモアが子どもをつつみこみ，子どもをひきつける。

大人の中には，この和尚さんをいやらしい人だという者があるかもしれない。もってまわったやり方で結局は子どもにお説教しているではないかという批判を持つ。

しかし，読み手である子どもたちはどうであろうか。むしろ子どもは，この作品の中のいちろうたちと一緒になって，だまされたおかしさの中に，和尚さんへの親しみと感謝をこめて，アハハハ…と笑い，そして紙に書かれた和尚さんの言葉に素直にうなずくのではあるまいか。どうもそのように思える。（大阪授業研究の会・山本正次編著『よみかた授業書案集１』キリン館）

授業をしている最中や，その後で子どもたちの書いてくれた感想文を読んでいたら，僕も山本さんと同じ気持ちになりました。

山本さんの案では，もっと子どもたちにいろいろな問いかけをしているのですが，僕は，途中で一度予想を立てるだけにして，あとは，子どもたちと〈気楽に読んでいくだけ〉にしました。それでも，子どもたちは，このお話を歓迎してくれたようです。

どうですか？　みなさんもよかったら，ちょっと気楽に予想しながら読んでみませんか。

1時間でできる国語
&
たのしい授業プラン国語 1～3
総索引

さくいん

●この索引は，『1時間でできる国語』（本書）と『たのしい授業プラン国語』１～３巻（仮説社）の総索引です。記事名ではなく「ウソの作文」「漢字」などのキーワードで検索できるようになっています。ですからこの索引は「〈たのしい国語〉のためのアイディアチェックリスト」としても使うことができます。

●右側の数字は巻数とページ数です。巻数の「１～３」は『たのしい授業プラン国語』を，「本」は本書『1時間でできる国語』を意味しています。（例：「1-285」→『たのしい授業プラン国語』１巻の 285 ページ）

あ

か

さ

さくいん

た

な

は

＊この他，『教室の定番ゲーム』『ものづくりハンドブック』（どちらも仮説社）等にも，国語の授業のアイディアが収録されています。

仮説実験授業をはじめよう

「たのしい授業」編集委員会編　「仮説実験授業なんて知らない。だけど，たのしいことならやってみたい！」という人のために，基本的な進め方や役に立つ参考文献，授業記録など，役に立つ記事を一つにまとめました。すぐに始められる授業書《水の表面》《地球》とその解説も収録。　**1890 円（本体 1800 円）**

たのしい授業プラン国語 1

「たのしい授業」編集委員会編　よみかた授業プラン，自由と束縛の作文法，ウソの作文，ことば遊び，漢字指導，その他どれも多くの教室で実験ずみの安心プランが満載。国語の時間もこれで楽しく過ごせます。『たのしい授業』No. 0 ～ 59 より。

2100 円（本体 2000 円）

たのしい授業プラン国語 2

「たのしい授業」編集委員会編　授業の手だてと基本，よみかたプラン，読むだけで楽しい 読むだけが楽しい授業，準備のいらない１時間プランなど，国語を楽しくする方法をセレクト。すぐに授業で使えます。『たのしい授業』No.60 ～ 156 より。

2100 円（本体 2000 円）

たのしい授業プラン国語 3

「たのしい授業」編集委員会編　詩・俳句・読解力・物語・絵本・説明文・言葉あそび・接続詞……と，国語の授業を楽しくするバラエティにとんだプランがつまっています。『たのしい授業プラン国語』 1 ～ 3 の項目別総目次・索引付き。『たのしい授業』No.157 ～ 285 より。　**2100 円（本体 2000 円）**

たのしい授業プラン道徳

「たのしい授業」編集委員会編　道徳は「どうすればより楽しく充実した人生が送れるか」を考える時間。もしかすると子どもたちにとって，将来一番役に立つ授業かもしれません。でも，押しつけられた道徳はいやになってしまう。押しつけを排除した授業プラン＆読本を収録。　**1785 円（本体 1700 円）**

よみかた授業プラン集

山本正次編著　普通の「よみかた」の授業をたのしいと言う子どもはめったにいません。しかし「基礎だからつまらなくても我慢して」というのは間違っています。本書には，実際に学校で使われ，子どもたちがたのしく学べることが確認できた授業プランだけを収録しました。　**2310 円（本体 2200 円）**

教室の定番ゲーム１・２

「たのしい授業」編集委員会編　お楽しみ会用から授業用，ドリル用まで，「子どもたちとのイイ関係」を基本にしたゲームを紹介。実際に試してみたという詳しい報告付きだから，どんな時に，何に気をつけて，といった「楽しみ方・コツ」までガイド。

各 1575 円（本体 1500 円）

ものづくりハンドブック１〜７

「たのしい授業」編集委員会編　作る過程も，完成品で遊ぶときも，とってもたのしいものづくりばかり！　バラエティにとんだ内容が１冊に何種類もギッシリつまっています。学校で，家庭で，誰でもすぐに作れます。詳しい遊び方も紹介！

各 2100 円（本体 2000 円）

たのしくドリル・マッキーノ

「たのしい授業」編集委員会編　暗記やドリルをばかにしては，「学ぶたのしさ」も半減……ということで本書の出番！　マッキーノとはビンゴゲームの要領で暗記をしてしまうという，驚異のドリル学習法。他にも各種ドリルを満載。すべて実践して評価されたものばかりです。

1680 円（本体 1600 円）

学級担任ハンドブック

「たのしい授業」編集委員会編　これがあれば，安心して担任を楽しめる。全国の小中学校の先生が行った数多くの実践の中から，特に子どもに喜ばれたものだけを厳選して収録。「教室のトラブル解決 ABC」「ひと工夫でクラスイキイキ」など。悩めるアナタの頼れるミカタ！

1995 円（本体 1900 円）

学校行事おまかせハンドブック

「たのしい授業」編集委員会編　文化祭・運動会・修学旅行に入学式・卒業式……行事に関する記事が大集合。科学劇の脚本も３編（もしも原子が見えたなら／足はなんぼん？／世界の国旗）収録。行事は面倒という人も，もっと工夫したいという人にも役立つ！

1785 円（本体 1700 円）

最初の授業カタログ

「たのしい授業」編集委員会編　新学期は新しい出会いの季節。〈たのしい授業〉でスタートして，子どもたちに楽しさの先入観をプレゼントするのが一番。子どもたちとイイ関係をつくるための方法，授業プラン，出会いの演出，年間計画など，一年中役立つアイデアが満載です。

1890 円（本体 1800 円）

1時間でできる国語

2008年11月3日　初版発行（7700部）
2011年7月27日　2版発行（2000部）

編者　「たのしい授業」編集委員会／代表　板倉聖宣©
Itakura Kiyonobu.2008

発行　株式会社 仮説社
〒169-0075 東京都新宿区高田馬場 2-13-7
Tel.03-3204-1779　Fax.03-3204-1781
URL=http://www.kasetu.co.jp/　E-mail:mail@kasetu.co.jp

印刷　平河工業社　Printed in Japan

用紙　鵬紙業（本文＝クリームキンマリ四六 Y72.5kg／見返し＝タント S-3 四六 Y70kg／カバー＝OK トップコート菊 Y76.5kg／片面クロームカラーホワイト菊 T125kg）

＊無断転載厳禁
ISBN978-4-7735-0225-1 C0037
定価はカバーに表示してあります。落丁·乱丁の際はお取り替えします。